ソーシャルデザイン50の方法

あなたが世界を変えるとき

今一生
Con Isshow

Chuko Shinsho La Clef
461

中央公論新社

はじめに　――世の中を変える「仕組み」を知ろう

政治不信が増大させる「民力による解決」

90・3％。これは、「ふだんの生活の中で社会に貢献したい（または人の役に立つことをしたい）か？」という質問に「したい」と答えた人の割合だ。

２０１２年２月２日〜３月１日、市場調査会社の株式会社ゲイン（東京都港区）が15歳以上から70代以上の男女２万５０００人にインターネットで調査した結果である。

「したい」と答えた人のうちの約半数が、２０１１年３月11日におこった東日本大震災をきっかけに「社会貢献をしたいと考えるようになった」そうだ。

東北の経済圏は大震災の前から元気ではなく、原発で雇用を生み出すことを受け入れ、自民党の説く安全神話によって事故がおこる不安と放射能ゴミを抱えるガマンに耐えてきた。

弱者が不安やガマンに耐え続けると、不満の声は誰にも届かない。そのため、苦しみの当事者ではない他人は、苦しんでいる人の境遇に自発的な関心を寄せることがない。「弱者のガマン」と「他人の無関心」の共犯によって、問題は日に日に深く広く世の中に拡大していき、やがて誰もが手に負えない大きな社会問題に育ってしまう。

そのようにして悲惨な歴史が過去に何度も繰り返されてきた。おかげで、政治家や官僚の腐敗、戦争、貧困、自殺など政治が解決できていない社会問題が少なからず残っている。

誰もが認知できるほど問題が大きくなる頃には、政治的解決を求める声が大きくなる。だが、政治が優先的に解決するのは、国民の最大公約数のニーズ、もしくは緊急課題のみ。その二つでさえ、日本の政治家たちは満足に解決してこれただろうか。

2012年の衆議院総選挙での投票率は、小選挙区で59・32%、比例代表では59・31%で、戦後最低を記録した。しかも、小選挙区候補者の総得票のうち、比例復活も果たせず落選した候補者に投じられた「死に票率」は40・4%に上った。政治に関心が高まったからこそ、政治不信も高まったのだ。

社会問題を解決する担い手を考えるとき、「政治家にばかり期待していてもらちが明かない」という認識が静かに深く国民の間に浸透しつつあるように思う。社会問題には、1億2000万人超という人口から見れば、少数派になる人々の問題が数多く含まれている。それらを「小さい問題」だと片付ければ、「当事者のガマン」が「多数派の無関心」との相乗効果で誰の手にも負えない大問題に発展しかねない。

たとえば、仕事と子育ての両立という問題。これは少子化に拍車をかけ、人口減少による税収減と若い世代への福祉負担増を生み出し、さらに少子化を促進させ、国力を弱める悪循環に陥る。だが、解決すれば、人口と税収が増え、国民全体の公益に資する。

仕事の社会的価値を見積もる若者たち

若い世代では、まったく新しい社会問題に苦しんでいる。

「自分の勤務先では自社の利益が最優先で、自分の仕事が誰を幸せにしているのかわからず、やりがいも面白みも感じないので空《むな》しい」

そういう理由で退社する若者が続出している。先代からの資産もある世代にとっては、自尊心を満たせない仕事は空しいばかりなのだ。

貧乏人や富裕層なら、金持ちを延々と目指すことで自尊心を満たせるだろう。

だが、下流化する恐れのない中流資産層の家庭で育った若者には、さらに贅沢な生活を夢見るという動機はもちにくい。むしろ、多くの人から感謝されるような社会的価値の高い仕事をしたいと望む若者が増えており、そうした仕事のできそうな企業を求めて転職したり、自ら起業するなど、自分が納得できる仕事をしたがる。

そうした自尊心と社会性を大事にする働き方は、高度経済成長時代の記憶によって「ガマンを続ければ必ず生活は向上する」と信じ込まされてきた旧世代には、贅沢で危険に映る。

しかし、若者自身が提示したこの問題は小さくない。20代の死因の1位は自殺であり、仕事上の空虚感からうつ病になる若者も少なくないのだから。

「みんなガマンしてるんだから安定した会社で働き続けろ」という声は、「仕事の社会的価値」という新しい価値観に目覚めた世代にとっては、不当なガマンを強いられているのと同じだ。そうした同調圧力が若くて優秀な人材を社内で孤立に追いつめ、うつ病や自殺へと導いている。これは立派な社会問題である。

不当なガマンを続けても生き延びられるのは、問題の構図を俯瞰してストレスを回避できる学習能力が備わっているか、体力が平均以上にある者だけだ。

どちらの能力も乏しい者は、精神科医が買わせる薬に漬けられたまま自殺するか、自分でもわけがわからないまま罪を犯してしまう人生へ導かれかねない。彼らに対する医療・福祉・治安維持のコストを税金として払うのは、私たち国民だ。

だから、どんな社会問題もやがて自分の身に降りかかる苦しみとなることを忘れずにいたい。そして、自分が見過ごせない社会問題は、政治家に頼ることなく、自分たちの力で解決していけると信じてほしい。既に多くの人が自分が見過ごせないと思った社会問題の解決に動き出している。市民の力で社会をより良いものへ作り変える活動はソーシャルデザインと呼ばれ、町作り・環境保護・福祉・ビジネスなど、多くの分野で試みられている。

過去には社会に閉塞感が高まると、天才的に優秀な英雄による強いリーダーシップが大衆から期待され、独裁国家が生まれたこともあった。今日でも、大きなはけで地球儀を一色に染め上げるような変革の方法を望んでしまう市民は珍しくない。

しかしすべてを急激に変えれば、それぞれ異なる人々の価値観は大事にされなくなり、みんなが生きづらい世界になる。そんな支配的な発想よりも、みんなが思わず真似したくなるような解決の仕組みがあることを知ってほしい。

その仕組みにはボランティアでできるものも多い。だが、無償で参加する個人がお金や時間をもち出すばかりだったり、活動経費を寄付や助成金に頼るばかりでは、活動を続けることが難しくなる。そこで、経費を賄えるだけの収益事業が必要となる。

このように、社会問題を解決するという目的を果たすためにビジネスを手段にする働き方がソーシャルビジネスだ。その担い手を社会起業家（社会的企業）と呼ぶ。

彼らは政治的解決に依存せず、経済的解決の可能性を示してくれている。あなたも世界を変えられる。ぜひ赤ペンと付箋を用意し、読んでみてほしい。

目次

第2章　環境保護　61

第3章

福祉

第4章　途上国支援　137

第5章　被災者支援　165

第7章 ソーシャルビジネス　211

編集部注
記事の内容および企業、団体、登場人物のプロフィールは取材当時のものです。

ソーシャルデザイン50の方法

あなたが世界を変えるとき

第1章

日常的に
世界を変えていく方法

仕事、お掃除、お買い物。そうしたふだんの暮らしの中にNPOとの出会いを組み込むことから、苦しんでいる人が救われ始める。世界を変えるのは難しいことではない。とてもささいな活動から変革は進められるのだ。

1 仕事の社会的価値に気づく

塗るのが仕事ではない塗魂《とーこん》ペインターズ

問題に満ちた世界を変えるには、毎日の仕事で覚えたプロの技術や経験によって解決していくことが効率的だ。

しかし、自分が仕事で覚えた技術や経験に大きな価値があることに気づいていない人は少なくない。毎日同じような作業を繰り返し、同業者とだけ顔を突き合わせていれば、「自分は『できて当たり前』のことしかしていない。自分よりできる人はいっぱいいる。だから自分は世界を変えるような技術なんてもっていない」と思いがちだ。

それでも、他の業種や業界の人から見れば、あなたにとっての「できて当たり前」の技術は魔法である。それまで不当にガマンしなければならなかったことをガマンしなくて済むようにできる技術と経験を、日々の仕事によって誰もが培っている。そのことに自覚的になることから、世界を変えるスタートラインが見えてくるのだ。

あなたの技術と経験を生かせば、直接の顧客だけでなく、他の多くの人や動物や環境が抱えている問題を解決できるかもしれない。そして、誰かの不安やガマンを取り除ける可能性が発見できたとき、自分も困っている人の世界を変えられるのだと実感できる。

あるいは、あなた自身が「これは見過ごせない」と思った社会問題に向き合うとき、自分の仕事や職業技術を通じて解決できる方法も見つかる。人は誰でも、仕事を通じて誰かをもっと幸せにできる社会的なつながりをもっている。

実際、3・11の東日本大震災の後から、自分の職業技術を生かしたボランティア活動はたくさん試みられた。だが、その前から、職業技術を生かして社会に貢献することで自分の専門的な技術の価値をわかりやすく伝える動きは、日本全国で始まっていた。

その一つが、塗装工務店の全国ネットワーク「塗魂ペインターズ」だ。

彼らは、震災1年前の2010年3月に伊勢原山王幼稚園（神奈川県）の鋼板の屋根や大津幼稚園（同）の遊具を無償で塗装した。

幼稚園の屋根や庭の遊具は、夏には歩くことができないぐらい高温になる。園児が触れば皮膚に炎症をおこすかもしれない。保護者や職員にとっては不安材料だ。

そこで、「塗魂ペインターズ」の職人たちは、遮熱効果の高い塗料を使った。これで触れても大丈夫なぐらい温度を下げられた。同時に室内の冷房費が抑えられ、節電効果も高くなった。

翌年7月には、節電のために照明を落としていた東京の品川区役所と防災センターを結ぶ渡り廊下に、塗るだけで明るくなる高反射塗料を施した。これによって、節電しても暗さに困らないで仕事ができるようになった。

塗装の仕事は色をつけたり、金属の腐食を防ぐだけでなく、その建築物を利用する人にとって快適な環境を作り出すという社会的価値をもっている。社会的価値とは、誰もが不当なガマンや不安に苦しまずに済むような解決策を社会に広く提供できる価値のこと。

ここで学ぶべきは、塗装業は「塗るのが仕事」ではないという点だ。彼らの仕事の価値は、「建築物を利用する人にとって快適な環境を作り出すこと」そのものにある。

筆者のようなライターも、「書くのが仕事」ではない。物書きの仕事の価値は、「現代社会に生きる人にとって有益な情報を提供すること」そのものにある。

だから有益な情報を雑誌や本などに書くだけでなく、講演でも話すし、テレビ番組も制作したし、個別の人生相談や企業からの事業相談にも応じてきた。

自分の社会的価値を生かしていこうと思えば、個人的な活動だけではその価値を最大化できない。だから時間の融通が利くフリーランスの立場を利用し、テレビの制作会社と組んで動いたり、NPOとの協働で講演会を実施するなど、多くの個人や組織と手を組んできた。

しかし、企業のような法人では、組織の規模が大きくなるほど自社の社会的価値の最大化を実現させるのが難しい面がある。本業を通じた活動には人件費やマネジメントの時間・手間がかかり、営利優先になりがちだからだ。もっとも、規模の小さい中小企業なら社会的価値を社員の多くが意識しやすく、経営者が自社のもつ社会的価値の大きさに気づけば通常業務以外の時間を有効利用できる。

「塗魂ペインターズ」の職人たちは、被災地の福島県南相馬市に支援物資も届けたり、津波で被災した宮城県女川町の仮設店舗に無償塗装するなど、活動を全国に広げている。

こうした職人によるボランティアの塗装作業に対して、日本ペイントは塗料を、好川産業ははけをそれぞれ無償で提供し、他にもさまざまな企業などが協力し合い、塗装業界全体で社会貢献の気運を高めている。株式会社安田塗装（東京都豊島区）の代表取締役で、「塗魂ペインターズ」の会長を務める安田啓一氏は、こう語る。

「私たちは、不特定多数の市民が利用する建築物に塗装するボランティアを行っています。先進国の一員である以上、自社利益のみの小さな殻に閉じこもることを良しとせず、たとえ中小企業であっても、社会的責任をもつことはもとより、積極的に社会に貢献してゆく。

これこそが企業の使命。社会貢献および環境貢献活動に積極的に参加した企業こそが自社の足元を確固たるものにし、社会にとってなくてはならない企業に成長しうることを、私たちの身をもって証明させていただく所存です」

一社の社会貢献活動としてでなく、業界全体に声をかけた全国ネットワークとして社会貢献を始める事例はまだ珍しい。同業他社をただのライバル（商売敵）と考えるのではなく、同じ業界で仕事の社会的価値を高め合う仲間として共に社会に貢献する。そんなムーブメントは、他の業界にも波及してほしい。その際は、「塗魂ペインターズ」のように同じ業界に身を置く人が旗を振るといい。代理店任せにすると余計な活動経費が増えるだけでなく、社会的価値をもつ当事者としての実感も薄まり、受け身の団体活動になりがちだからだ。

業界全体を巻き込むのに、インターネットの活用は不可欠だ。

Facebook で専用ページを設け、twitter で専用ハッシュタグをつけて同業者に呼びかけるだけでも、決定の速い中小企業経営者はすぐにでも仲間を集めることができるだろう。

同じ地域の組合を通じても連帯できるが、よその地域の同業者と組むことでお互いに知らなかったことを学び合うチャンスも作れる。それは無償の社会貢献活動を通じて、本業の社会的価値をさらに高める絶好の機会になる。

そして、社会の中から自ら問題を発掘し、困っている人たちにプロの技術や経験を生かしたボランティアを行えば、通常業務における社員の意識も高まり、自分が働いている勤務先の価値をわが子や友人たちに誇れるようになる。そうした良い噂の伝播が他の業界を少しずつ刺激し、じわじわと世界をより良いものへ変えていくのだ。

本業を生かしたボランティアには、通常業務ではなかなか出会えない「顧客」との関わりがある。顧客とは、お金を支払ってくれる相手ではない。あなたの技術や経験によって、一刻も早く不当なガマンや不安から解放されたい市民のことである。

そのニーズが深刻かつ切実であればあるほど、解決できる技術や経験をもつ人の社会的価値は高まる。社会的価値の高まりは、適正価格を生むだけではない。メディアからの取材が増え、広告費を削減して余りある広報効果ももたらし、市民から広く支持される事業に育つのだ。

伊勢原山王幼稚園の屋根を塗装中の職人たち

2 CSR活動に参加する
NPOとの協働からコンパッションへ

21世紀に入ってから、多くの企業や大学などがCSR（Corporate Social Responsibility）の専門部署を設けた。CSRは、「企業の社会的責任」と訳される。

その活動には、法令遵守、地球環境の改善、就労環境の改善、株主・消費者への価値の提供、地域や社会への貢献などが含まれる。企業は、金儲けだけでなく、世の中にとって良い働きをするという責任をもっと果たしていこうというわけだ。

もっとも、自分の勤務先にCSRの部署があっても、その部署のスタッフが何をしているかを知らない社員は少なくなく、全社員にCSR経営の意味を十分に理解させるだけの意欲が経営陣にあるのかさえはっきりしない。それでも、CSRの部署を設ける企業は増えてきた。その事実を思えば、世の中にたくさん放置されている問題を解決してくれる責任者の一員として期待したいところだ。

昨今、過酷な労働環境を強いる企業はインターネット上で若い世代から「ブラック企業」と呼ばれ、嫌われている。同時に、女性を大事にして意思決定の場にも積極的に登用する企業は「ホワイト企業」として賞賛される傾向もある。

このように一般市民が当たり前のように企業の社会的責任を問う以上、ＣＳＲスタッフや経営陣は自発的に社内外にある問題を発見し、解決することが要求される。ということは、社会問題を見つけ、それを解決できる商品・サービス・活動を作り出す責任を果たすことがＣＳＲの実践なのだ。こうした社会問題に向き合う事業スタイルは、自社の商品・サービス・活動が社会や市民にどんな価値を与えるものなのかを社員に考えさせる契機となるため、事業そのものがソーシャルビジネスに近づいていく。

２０１１年６月２日に放送されたＮＨＫのテレビ番組『仕事ハッケン伝』では、歌手の鈴木亜美さんが「ユニクロ」で有名なファーストリテイリングに入社し、アフリカのザンビアに派遣された。現地で「服」は、ただのおしゃれアイテムではない。猛暑と不衛生な環境を強いられている貧困層の国民にとって、服は体温を保ち、病気を予防する必需品。服は命を守るという社会的価値をもった商品だと、彼女は気づかされた。

２０１０年７月、ファーストリテイリングはバングラデシュ人民共和国のグラミン銀行グループと合弁会社を設立し、バングラデシュ国内でソーシャルビジネスに取り組むことを発表した。貧困層が購入できる価格設定（平均１ドル）の服を現地向けに開発し、同国内で素材調達から販売まで行うことで雇用を生み出すというビジネスである。

グラミン銀行は、マイクロクレジットという少額融資によってバングラデシュの貧困層の経済的自立を進めた銀行だ。創立者のムハマド・ユヌス氏は、2006年にノーベル平和賞を受賞している。日本企業にも、この世界的に有名な社会起業家と手を組み、本格的にソーシャルビジネスへ参入しているところが増えている。

2010年10月、株式会社雪国まいたけと九州大学がグラミン銀行本店(ダッカ)でグラミンファミリーの中核企業グラミン・クリシと合弁会社設立に関する契約を締結、2011年7月に「グラミン雪国まいたけ」を設立した。

「第一段階としてモヤシの種子である緑豆をダッカの北方350キロメートルにあるRungpurにて播種します。すでに8ヘクタール実験栽培を開始することが決定しており、実験栽培に成功すれば来年(2011年)以降は500~1000ヘクタールの農地で本格的栽培を開始する予定。これにより約700~800名の農民に栽培を委託し、種子の選別作業で約100名の雇用が発生します。収穫した種子の7割は雪国まいたけが合弁会社から購入し、日本へ輸出し販売。残りの3割は同国の農民に低価格で販売される予定です。合弁会社の利益は全てバングラデシュのソーシャルビジネスの推進や貧困層の農民の福祉や奨学金等に活用されることが決定しています。現在、緑豆はほぼ100%中国より輸入されており、輸入先の分散化によりわが国の供給リスクが解消されます。中国産緑豆は価格も過去3年間で3倍近く上昇し、安価で安定的な供給は日本にとっても大きな利益。日本企業の管理下で栽培されるので農薬汚染や土壌汚染等のリスクが排除される」（九州大学のプレスリリース、2010年10月13日付より一部引用）

他方、NECは2002年から「NEC社会起業塾」をNPO法人ETIC.（エティック）と、花王も2010年から「花王社会起業塾」をETIC.と協働で始めている（同年には横浜市もETIC.と協働で「横浜社会起業塾」を始めている）。

味の素はガーナで乳幼児の栄養不足を解消するためのソーシャルビジネスを始めているし、みずほ銀行も「アショカ」の日本での活動支援および社会起業家支援への協力などに関する「STRATEGIC SUPPORT AGREEMENT」を2011年1月に締結した。

アショカとは、1980年にアメリカのワシントンで創設され、社会起業家への支援を世界的に展開している市民組織だ。1981年からアショカが支援対象先として認定した「アショカ・フェロー」と呼ばれる社会起業家は、世界80ヶ国以上に約2800人もいる。

「アショカ・フェロー」に認定されると、生活費の援助、法律・マーケティングなどの専門的サービスが提供され、他のアショカ・フェローとの連携なども支援される。

アショカ・ジャパン（同組織の日本支部）の公式サイトによると、アショカ・フェローたちのアイデアのうち91％は世界中で政府の政策や他の団体・組織によって採用・模倣され、社会を変革しているという。アショカの創設者でCEO（最高経営責任者）のビル・ドレイトン氏は、「社会起業家が携わっている分野は成長分野」という。

「メキシコには1日の収入が2ドルにも満たない極貧困層が全人口の4割、1億人もいます。彼らが家を建てるのには4年の歳月がかかるのだそうです。それはわずかな給料で少しずつセメントを買い、自分たちで家を建てるからです。アショカはセメックス社に話をもちかけました。少しでも容易にスラム街の住民がセメントを手に入れることができるよう、セメントを一般の値の3割引で販売するようかけ合ったのです。

これはセメックス社にとっても人口の4割を占める未開拓市場に手をつけられるのですから、前向きに検討すべき内容でした。セメックス社はどのようにスラム街で営業をしたらいいのか分からなかった。そこでアショカは常日ごろからスラム街で性教育やエイズ予防を指導している人たちとセメックス社を組ませました。市民セクターは極貧困層を熟知し、何よりも彼らからの信頼を得ています。市民セクターの人たちがスラム街を一軒一軒歩いて営業をすることで、セメックス社は新たにメキシコ内で1億人の市場をつくり出した」（日経ビジネスオンライン、2011年2月21日付より一部引用）

ドレイトン氏のいう「成長分野」とは、「市民の活性化」「貧困層向けの市場開発」「持続可能な環境保全」「健康」「人権」「教育」の六つの分野のこと。

最近の日本でも、企業や行政は続々とＮＰＯとの協働を試みている。

六つの成長分野における社会的課題に関する見識は、企業や自治体で働く人材より、社会的課題の解決活動に従事してきたＮＰＯのスタッフのほうが豊かにあるからだ。

ＮＰＯの側も、従来のように寄付金や会費、助成金に依存した経営から脱却し、収益事業を作って活動資金を自力で賄う「事業型ＮＰＯ」としてソーシャルビジネスを試み始めた。

そのため、企業がＣＳＲ活動をソーシャルビジネスへと育てようとする際、ＮＰＯと組むことは自社の利益と社会的課題の解決を同時に成立させるのに有効だ。

企業が「社会的課題（社会問題）を解決したい」というモチベーションを調達するには、社会問題によって苦しんでいる当事者にコンパッションを抱ける機会が必要だ。

コンパッションとは、「その人の身になって考えたい。他人事ではない」と思える気持ちのこと。このコンパッションを抱ける機会は日常的には乏しく、誰かが作るしかない。

たとえば、貧困層に転落しかねないひきこもりを支援しているＮＰＯの活動に共感したなら、社内にＮＰＯのスタッフとひきこもり当事者を招いて勉強会を行えば、なぜ就労が困難なのか、どんな作業なら仕事ができるのかをくわしく聞くことができる。

そのように、当事者の声を社員に直接届ける機会を筆者は増やしたいので、ＮＰＯとの協働を求める企業からの相談も事業化している。

3 学びを社会化する

高校生から社会を変える方法を学ぶチャンス

東京都教職員研修センターは、首都大学東京と高校などとの連携を通して日本の将来を担える改革型リーダーとしての資質をもつ人材を育成する「東京未来塾」の塾生を2004年4月から毎年公募している。東京未来塾は、都教育委員会が「21世紀の東京の創造的発展を担う人材を育てる」という理念で開講しているものだ。

公募対象は、都内にある高校または中等教育学校などに在籍している2年生。

募集人員は50人以内。通学先の校長の推薦、保護者との同居、一定の学業成績などの応募基準はあるが、筆記試験、面接、自己アピールカード、推薦書および調査書などで総合的に判断し、選考される。塾生になると、高校3年生の春から1年間、土曜日と長期休業中にさまざまなプログラムを受講できる。

プログラムには、企業などにおける就業体験を通して社会貢献の志を高める「体験学習」、自ら設定した課題について調査・研究して成果を発表する「ゼミナール」、さまざまな分野の講義を基に調査・討議・発表等を行う「課題解決学習」、第一線で活躍している社会人による講義を通して社会的課題の解決を図るために必要な広い視野と大局観を養う「特別講義」などがある。講師には有名企業の社員や社会起業家などが招かれてきた。

都教職員研修センターはこの講義の成果について、２０１１年末時点でこう答えていた。「ほとんどが首都大学東京へ進学しているのも一つの成果ですが、それまでなかった社会貢献系のサークルを立ち上げた子がいたり、塾で『国際社会の中の日本』というプログラムを経験して海外に目が開かれ、大学時代に海外留学で1年勉強したところ、文系なのに理系の会社に入って商品開発や営業でのプレゼンが上手にできたという元塾生も出てきました」

この塾から何人の高校生が「日本の将来を担える改革型リーダー」に育つかどうかは定かではない。だが、自治体が10代のうちから社会を変える人材に育てようとする試みを始め、10年以上も続けている。今後に期待したい。

一方、東京・神奈川で現役高校生向けの大学受験予備校「早稲田塾」を経営する株式会社サマデイ（本社・東京都千代田区）は、同塾に在籍する高校1・2年生を対象に２０１０年から「ソーシャルアントレプレナープログラム」を開講している。

これは、環境、貧困、福祉・医療サービス、教育などの世界が直面している社会的課題を解決する社会起業家を養成するもの。10代向けの本格的な社会起業家養成プログラムとしては日本初の試みだ。

「第二のグラミン銀行を目指せ」を合言葉に定員30名程度を公募し、翌2011年6月まで9ヶ月間、東京の表参道校で隔週土曜日に実施した。同プログラムの意図について、早稲田塾SOHKEN（総合研究所）の主任研究員・倉部史記氏はこう語った。

「早稲田塾は、大学入学後も役立つ真の学力を養成することを第一義とする塾として実践的な教養値を高めることに主眼を置いてきました。ですので、志望大学選びも明確な目標を見つけることからスタートできるようサポートするため、大学の教授陣による特別公開授業や、大学や研究機関と連携したプログラム、環境問題を切り口に国際社会で通用するリーダーを養成するプログラムなども積極的に設けてきました。こうした試みを通じて高校生にはまだまだ多くの可能性があると感じ、『高校生社会起業家』の育成を手がけることにしたのです」

通常の学費以外に特別指導費や教材費などが必要だが、このプログラムで社会問題を解決できる斬新かつ革新的なアイデアを鍛え上げることができれば、高校生は「自分も社会問題を解決できる存在だ」という自覚と勇気をもてるだけでなく、大学へ進学する意義も十分に理解できて勉強意欲も増すだろう。

インターネットを通じて社会的課題に気づき、解決の方法を学ぶチャンスを得ている高校生は増えている。なのに、そうした優秀な人材を大学が一芸入試やUSRなどを通じて活用できないとしたら、もったいない。

大学の学長（総長）や理事長が大学を「社会を変える公器」として認知しているなら、社会的課題を解決する公益事業を立ち上げ、人材も資金もノウハウも学内外から広く募集し、自ら声をかけるはずだ。だが、そのように時代の先を見たトップは珍しい。

2007年、筆者は東京大学の教養学部に通う女子学生たちと出会い、学生自治会の承認による自主ゼミの講師に招かれ、同大学の駒場キャンパスで1年間、ほぼ毎週開講した。

東大生でなくても無料で受講できるようにした。そのため、高校生から60代までの多様な市民が集まった。そこで筆者は全国から社会起業家を毎回1名招き、ソーシャルビジネスの実際について講義してもらった。

学生自治会は1回のゼミにつき1万円しか支給できず、受講料をとることも禁じられていた。そこで筆者への支給額をそのままゲストの社会起業家の交通費として提供し、地方から上京する用事のついでに東大に来てもらうなどの調整と配慮を重ね、社会起業家の方々に快く講義に足を運んでいただいた。

無料で1年間も社会問題を解決する実際の手法や知恵を学べるという贅沢なゼミだった。

だが、次年度に継続させるため、筆者が独自に予算組みを考え、大学側の負担0円で運営できる仕組みを提案しようとメールで東大総長（当時は小宮山宏氏）に面談を申し込んだところ、何度も断られ、一度も会うことすらできなかった。

今日では、ソーシャルビジネスを学べる大学や、高校生向けのビジネスプランコンテストを開催する大学も増えてきた。だが、社会を変えるための学びは、より多くの人と共有できるよう、もっと広く開かれていくことが、問題解決を早めることにつながる。

そこで筆者は、2012年10月から2013年3月まで東京で全24回の「社会起業家・養成ゼミTOKYO」を開講した。毎回1名、全国から優秀な社会起業家を招いて、社会問題をビジネスによって解決する実際の仕組みを45分間講義してもらった。

2013年の時点でも、日本におけるソーシャルビジネスの認知度は低いままだ。社会起業を学びたい人の市場規模も小さい。そういう状況下では、まずソーシャルビジネスを誰もが気軽に学べるチャンスを作り出すことが必要だ。

そこで、「社会起業家・養成ゼミTOKYO」では1回3000円前後で受講できるようにした。また、実際にソーシャルビジネスを始めるときに必要になる「マスメディアから取材される技術」というシリーズ講義も同日に行った。

このゼミの広報には、1円も広告費をかけていない。筆者のtwitterやFacebook、ブログで「社会起業家・養成ゼミTOKYO」の公式サイトを知った方が、「社会起業家から直接指導を受けられる」という魅力と低料金によって集まってきたのだ。

20名以上の社会起業家の講義は、Ustreamで生中継してはインターネット上にアーカイブした。それは、このゼミの開講目的が「誰もがソーシャルビジネスを学べるチャンスを作る」ことであり、非営利事業だからだ。東京の教室まで行けない地方在住者にも、Ustreamで学べるチャンスがあれば、もっと知りたくなる。

そこで、地方在住者には予約不要・当日精算でより安く受講できるようにした。すると、青森や山形、大阪などから上京する機会に合わせて受講する人が増えた。高校生や大学生も受講した（受講料を払った人には講義以外に45分の質疑応答や社会起業家との名刺交換などの価値も提供）。

このように、受講料を講師への謝礼と交通費に充当すれば、誰もが無料でソーシャルビジネスを学べるチャンスは作れるのだ。

早稲田塾の「ソーシャルアントレプレナープログラム」の教室のようす

4 プロボノやＮＰＯ活動に参加する
職業技術や時間を寄付するという発想

最近、東京・大阪などの大都市では、業務外の時間を活用して「プロボノ」をするサラリーマンが増えている。プロボノとは、毎日の仕事で蓄積したプロの技術や知識をＮＰＯや社会起業家などの公益事業団体に提供し、彼らの社会貢献活動を応援するボランティアだ。

ＮＰＯ法人サービスグラント（東京都渋谷区）では２００５年12月から、ＮＰＯを応援したいという人材を５人前後のプロジェクトチームとして編成し、ＮＰＯとのマッチングを行い、約６ヶ月間のボランティアに従事してもらっている。

２０１３年２月26日時点でサービスグラントに「プロボノワーカー」として登録している人は１６１９名。その構成比率は、社会人経験年数が５年以下の若手が21％、21年以上のベテランも19％いて、幅広い世代の人材が参加している。

職種別に見ると、企画・マーケティング・宣伝が26％、営業が17％、システム開発が15％、コンサルタントが14％、広告・ウェブ・グラフィックが12％。他にも、管理職、記者・ライター、広報・ＩＲ、編集、システムエンジニア、財務・会計、教育・インストラクター、イベント制作、フォトグラファー、通訳、映像など多様な人材が集まっている。

電機メーカー大手のＮＥＣではサービスグラントと協働し、日本で初めて全社を挙げてグループ社員が任意で参加できるプロボノ「ＮＥＣ社会起業塾ビジネスサポーター」を２０１０年にスタートした。同社ＣＳＲ推進部社会貢献室マネージャーの池田俊一氏は、プロボノの現状をこう説明する。

「ＮＥＣのプロボノは、弊社グループのプロフェッショナルスキルを活用して社会起業家の抱えている課題にソリューションを提供する目的で、２０１０年度より毎年実施しています。これまでの3年間で52名の社員が参加しました。毎年、若手社員を中心にいろいろな年代の社員が集まり、その社員が3チームに分かれ、各々三つの社会起業家を支援しています。

たとえば、メタボ関連検査を５００円で検査しているケアプロ株式会社には、弊社で10年以上リスクマネジメントに携わってきた専門家の社員が患者の個人情報の管理や医療的な法務を保守する方法を教えました。

一方、株式会社オリザには、『農業経営者が高収益を確保でき、社会に貢献できる仕組みを創り出す』という経営理念の共感者を増やすのに効果的なウェブサイトを、弊社でウェブサイトの専門家として従事している社員が制作しました」

サービスグラントのマッチングによってＮＰＯなどの非営利の市民活動や社会起業家へ社

員を派遣して支援する動きは、ゴールドマン・サックス、日本ＩＢＭ、日本マイクロソフト、パナソニック、三井住友銀行などにまで広がっている。

サービスグラントの調査によると、このプログラムに参加したことで私生活では「視野が広がり、人間的な成長につながった」（92％）、仕事上では「今の仕事に生かせる有意義な経験を得ることができた」（78％）という。「もう一度サービスグラントのプロジェクトに参加したいですか？」という質問には、89％の人が「参加したい」と回答した。

「プロボノ」についての詳細は、サービスグラントの公式サイトや『プロボノ――新しい社会貢献　新しい働き方』（嵯峨生馬著、勁草書房）などの書籍を参照されたい。プロボノを公募し、ＮＰＯとマッチングさせる動きはサービスグラントだけでなく、全国的に広がりを見せている。あなたの住む街でもプロボノを募集している団体があるかもしれない。調べてみてほしい。

多くのＮＰＯでは常に支援を求めている。自分が関心をもてる社会問題の分野で解決活動を行っているＮＰＯや社会起業家などが出演する地元のイベントに足を運んでみるといい。全国どこにでも「ＮＰＯセンター」（ボランティアセンター）という施設がある。そこでイベントのチラシを集めることもできる。

すぐに自分の職業技術を提供するボランティアができなくても、ＮＰＯの活動に少しずつ関わってみると、自分の経験や知識、時間や労力などを喜んでもらえる機会が少なくないことに気づく。それは若者に限らない。現役を引退した60代以上の方なら、企業とは異なるNPOの活動を知ることによって社会に参加するチャンスになる。

父親に「子育てを楽しもう」と啓蒙しているNPO法人ファザーリング・ジャパン（東京都文京区）では、高齢者向けに「イクジイスクール」を2012年から開講している。

同団体は2011年4月に「イクジイ（育爺）プロジェクト」を立ち上げ、「笑っているおじいちゃんが社会を救う」を合言葉に、中高年男性の意識改革、孫育ておよび地域の孫育てを推進する事業を展開してきた。

初代代表の安藤哲也さん（現在、NPO法人タイガーマスク基金代表理事）はいう。

「沈滞する経済、遅々として改善されない労働環境、貧困・ワーキングプア世帯の増加など、現代は子育てがしにくい状況にあります。核家族化や共働き家庭の増加で子育てが『孤育て』になり、子どもをめぐる事件や虐待問題も多発しています。子育てに関わりたくても難しい父親も多いんですね。

一方、団塊の世代が定年を迎え始め、元気で時間もある中高年男性が増えています。彼らに孫育てに積極的に関わるイクジイとなってもらい、親たちの補完をしていただきたい。

イクジイの役割は経験やスキルを社会に還元し、次世代に伝えていくこと。祖父母世代と親世代、孫世代との世代間交流を促すことで、地域の活性化、防犯・防災・教育力の向上が図れます。イクジイ自身のエンパワーメント、セカンドキャリア、セカンドライフの充実も期待できます」

「イクジイスクール」では、これらの現代の子育て事情と課題を体系的に学び、親世代との交流・相互理解を図り、受講者の社会貢献活動の契機にするという。

「イクジイスクール」は京華スクエア・ハイテクセンター（東京都中央区）で2012年6月11日から隔週で5回にわたって開講された。講師には安藤氏ほか、元NHKアナウンサーの村上信夫氏などが参加した。第2回も2013年春に行われた。

このスクールは、子育て、孫育て、社会貢献に関心のある男性なら、孫がいなくても受講できる。要するに、孫の世代の子どもたちとどのように付き合えば仲良くなれるのかについて、実例をふまえて教えてくれるのだ。

おじいちゃんが孫の世代との付き合いが楽しくなれば、子育て中の夫婦も子育ての負担が減るだけでなく、孫もおじいちゃんも孤立化しなくて済むようになる。

自分が困っていて、他の人も同じように困っていれば、それこそが社会問題なのだ。

そう考えれば、孫と仲良くするだけで社会問題を一つ解決することになる。

だからＮＰＯの開催しているイベントに足を運び、困っている当事者の声を直接聞いてみれば、自分が培ってきた経験や技術を役立てられるチャンスになる。

それは困っている人を笑顔にし、家族にも友人にも自分にも誇れる「人生の仕事」になるのだ。

経験の浅い若い世代にはとてもできないことでもサラッとやってしまえる熟年世代は、子や孫には魔法使いのように映るだろう。

資産や名声を遺しても、それは後続の世代にとって消費されるだけの過去のものにすぎない。

だが、世の中に役立つ仕事は、若い世代によって脈々と未来へと引き継がれていくのだ。

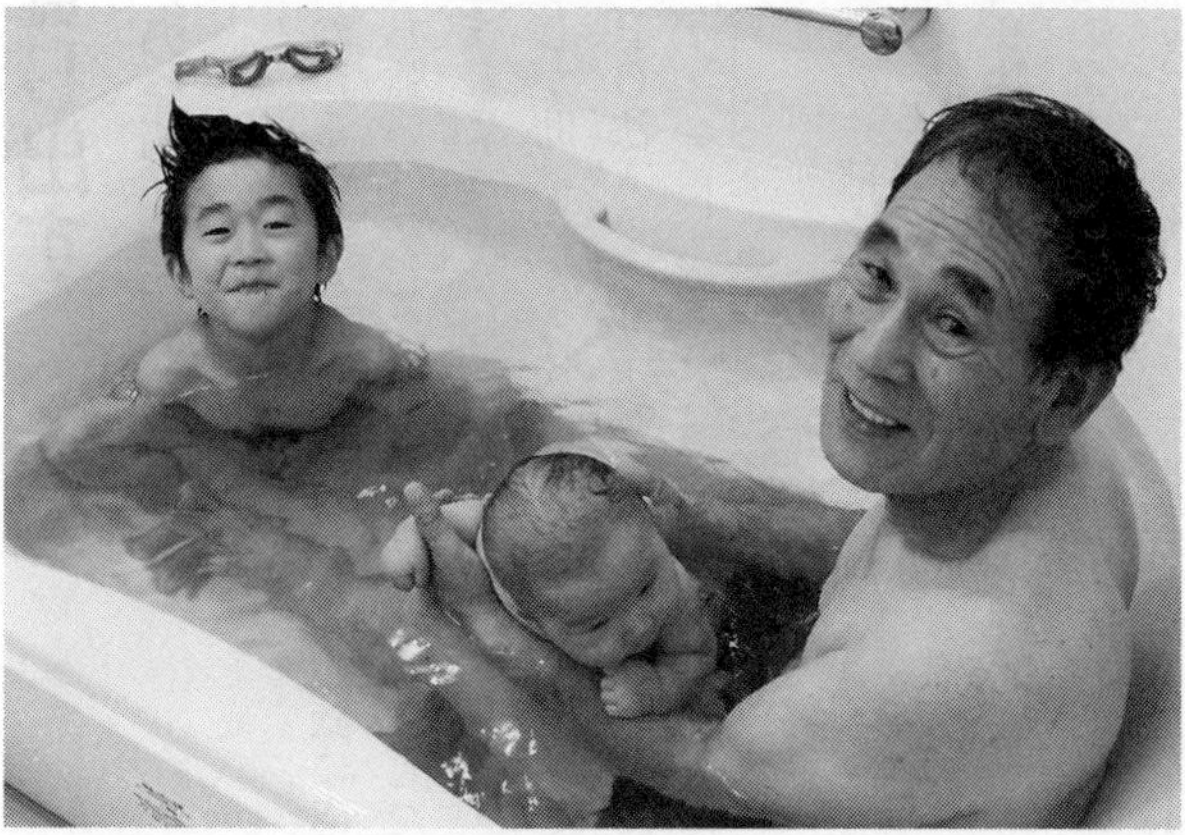

おじいちゃんが「イクジイ」になると、子育て中の夫婦は助かる

5 空きスペースを無償で貸し出す

異文化どうしがつながるシェアの発想

人は時に、自分一人では解決できない問題にぶつかる。そんなときに気軽に相談に応じてくれる人がいたり、ホッとできる場所があれば、心強いはずだ。政治や行政がそうした人や場所を十分に用意しているなら、社会問題など生まれようもない。

しかし、現実には十分ではないため、市民どうしが助け合える場所が必要になる。そこで参考になるのがNPOの取り組みだ。前述したNPO法人ファザーリング・ジャパンでは、孫育てに参加する高齢者を増やす「イクジイプロジェクト」を試み、「イクジイ」の実例を公式サイトで公開している。

同NPOスタッフの高祖常子さんが取材した実例の一部を紹介しよう。

東京都大田区にお住まいのイクジイ・岡村紀男さんは、昭和16年生まれの70代だ。

仕事をしている頃は、朝6時半に自宅を出て夜9時過ぎに帰ってくる生活。40数年も会社と家の往復しかなく、67歳で退職するまで地域との関わりはほとんどなかった。

だが、2010年7月に大田区社会教育課が開いた「地域と教育」講座という3ヶ月間の講座に学んだ。そこで共に学んだメンバーで子育て支援を行おうということになり、親子がほっとできるスペースを作りたいと思った。2011年5月にグループを立ち上げ、自宅のリビングルームを使って「じいちゃんち」という子育てひろばを6月に始めた。

水曜日3回と土曜日1回の月に4回「じいちゃんち」を開き、講座で知り合った元保育士の女性たちにも協力してもらいながら運営している。開園時間は11時から16時。遠方から来る親子もいて、開始から5ヶ月間で100組以上の親子が利用した。

1回目は無料だが、2回目から毎回200円の管理料を利用者からもらっている。

立ち上げ時にお金がかかったが、大田区社会福祉協議会の立ち上げ助成金を利用し、自宅でガレージセールを開いたり、寄付を集めて立ち上げた。岡村さんはいう。

「子どもに接することで自分もパワーをもらえます。『じいちゃんち』に遊びに来てくれる赤ちゃんが、はいはいをしながらボールプールで遊んでいたのに、手押し車を押して歩くようになり、そのうち一人でスタスタと部屋を歩き回るようになる。そんな成長のようすを見ることができるのは大きな喜び。児童館帰りのお母さんや子どもたちと挨拶したり、そんな日常に『地域とつながれた』という実感があります」

昼はお弁当をもってきて、おしゃべりしながらみんなで食べる。部屋はクローク以外、自由に使える。寝室は授乳やおむつ替え、昼寝に使ってもらっている。

「3人の男の子を育てていて、疲れがたまって倒れちゃったお母さんがいました。スタッフがいるこの空間でほっとしてもらいたい。ベッドルームも開放していますから、赤ちゃんに添い寝するお母さんもいますが、一緒にお昼寝しちゃうことも。赤ちゃんがお昼寝中、おやつを食べながらお母さんどうしでゆっくりお話。先輩ママのスタッフもいます。子育てに困ったら気軽に来てほしい。相談できる人とのパイプができたらいい」

「じいちゃんち」を利用した母親たちは、次のように話している。

「ここに来ると、ハサミやのりを使った工作など家ではなかなかさせられないこともやらせてあげられます。今までいろいろなところに行きましたが、ここは一番子どもがなじむ場所。岡村さんには商店街でもお会いすることがあって、挨拶しています。土曜日はパパが連れてきています」(4歳、2歳9ヶ月、5ヶ月の子どもの母親 ※2011年当時)

「施設的なところより、リラックスできて、とても居心地がいい空間です。下の子はいつも私から離れないいんですが、今日は私から離れて自由に遊んでいてびっくり。過ごしやすいのでしょうね」(2歳半、1歳の子どもの母親 ※同)

人と人をつなげられる場所は、身近にたくさんあるほうがいい。それには個人が自宅を開放するだけでなく、企業も自社が関わる物件や空き室を市民に開放してくれるといい。

それは、企業経営者やCSRのスタッフだけでなく、社員自身がふだんの日常生活の中で心が動かされる社会問題に関心をもつことから始まるのかもしれない。

陰湿化するいじめ、離婚件数の増加などによる経済格差、ＤＶ（夫婦間暴力）や障がいなどの問題……。現代日本では、子どもをめぐるさまざまな問題が深刻化している。

そこで、池袋駅から徒歩10分のところにある4階建ての施設「がんばれ！子供村」（東京都豊島区）では、子どもを対象とした支援活動を行っているボランティア団体やＮＰＯ法人、地域コミュニティ、個人向けに無償でスペースを貸し出している。

運営母体は、株式会社ニュートンと株式会社サンザ。都心近郊でホテル・レストラン・ブライダル・カラオケ・各種アミューズメント施設・インターネット事業などを運営するグループ企業だ。

その収益の数％から安定的にこの施設の運営費を捻出し、積年の夢であった「企業としての社会貢献プロジェクト」として２００８年7月に施設を完成させた。

同グループでは、グループ店舗を利用したボランティア活動を行い、子供村ビルを社員ボランティアで運営している。２００８年からは毎年夏休みにグループ運営会社のリゾートホテルを利用し、障がい児、母子家庭の子どもとその家族などを招待してきた。

同グループの公式サイトにあるＣＳＲ活動の紹介ページには、こうある。

「50名弱収容できる研修ルームやカラオケ装置つきで皆で楽しめるプレイルームも有り、大変楽しく盛り上がれます。さらに姉妹店での親子カラオケ大会、伊豆高原ホテルでの合宿イベント、キャンプなど、私どもの企業グループの体力と時間でできる範囲で、いろいろなイベントも開催いたしております」

「がんばれ！子供村」は、社員の立会い日以外でも、施設に空きがあれば事前相談で貸し出しに応じている。予約は公式サイトからメールで申し込める。

大企業のビルには利用率の低い会議室や、大型スクリーンやプロジェクターなどの機材を備えているのに使用頻度が低いマルチスペースも少なくない。それらを無償でＮＰＯに貸し出せば、日常業務では得られない人脈や問題解決のノウハウを自社の社員の間で分かち合える。それは、家賃収入を見込むより豊かな資産を築く機会になる。

ミッションや関心分野の異なる人どうしの出会いは、自分たちだけでは絶対に無理だった問題の解決を双方にもたらしやすい。だから、社員とＮＰＯのスタッフを結びつけるために、社員有志で社内に独立運営の組織を立ち上げてみるのもいい。

その際、活動資金も自ら集め、事業計画などのすべてを民主的に決め、全員が経営に責任をもつ協同労働の組合（ワーカーズ・コープ）にするといい。

雇われる側の発想しかなかった社員も、経営側の視点で日々の業務を考えられるようになる。相手の求めるものに関心を払うことが自分の味方にするために必要な基本姿勢であることも学べる。戦力として成長できるのだ。

ワーカーズ・コープの実際についてはドキュメンタリー映画『ワーカーズ』が参考になる。「誰も仲間はずれにしない」という発想で資産を広く開放的にシェアすれば、社会からさまざまな人的・経済的資源を調達できる。

事業が営利のためだけでなく、公益に資するためであることが明らかなら、自社にないものをいくらでも社外から調達できるのだ。

この「借り物競争」が上手であることは、それだけ多くの市民から愛され、社会を良いものへ変革できると見込まれた証拠。

「じいちゃんち」に人やお金が集まっているのを見れば、現在の企業や経営者に決定的に足りないものがわかるはずだ。

「がんばれ！子供村」の２階のコミュニティスペースでボランティア団体が主催している MUSIC CAFE「wonder grape」のようす

6 不要品は寄付する

社会問題を解決する活動を支援できる古物商

不要になった古本を寄付するだけで、働けずにいる若者の自立や就労を支援できる。

そんな活動が、東京都立川市でニートの自立支援活動を行っているNPO法人「育て上げ」ネット（理事長・工藤啓）と杉並区で古本のインターネット通販を手がける株式会社バリューブックス（代表取締役・中村大樹）の協働で2010年3月から始まっている。

古本を寄付したい人がバリューブックスのフリーダイヤルに電話すると、同社が集荷・仕分け・買取を行い、査定額が「育て上げ」ネットに寄付され、活動資金として使われる。NPOにお金が渡れば、その分だけ社会貢献活動にかかる費用を賄えるのだ。

買取価格が1冊あたり50円の場合、2000冊集まれば、「育て上げ」ネットでは10人の若者に3泊4日のワークキャンプを行えたり、約300人の高校生に体育館で一斉授業を行ってニーズに応じたキャリア教育の出張授業を実施できたり、不登校・中退経験のある若者10人に20時間の学び直しの機会を提供できるという。

「育て上げ」ネットでは、スーツの寄付を募って就職面接用に活用していた。だが、クリーニング代がかかるなどのコスト面での課題があった。それを知った中村社長は、工藤理事長とともに「キフボン・プロジェクト」を始めたのだ。

「キフボン・プロジェクト」には、2013年2月24日までに17万冊以上の古本が寄付され、寄付総額は431万円を超えている。バリューブックスでは、こうした古本の寄付によるNPO支援を、「育て上げ」ネットだけでなく、他の多くの団体、さらに企業向けにも広げてきた。このプロジェクトの事務局を担当しているバリューブックスの上野良太氏は、「弊社では本を通じた持続可能な社会貢献活動を行っているのです」という。

「企業様の営業活動などで不要になった本、社員様の不要な本などを利用して社会貢献を行うお手伝いをさせていただきます。寄付先は企業様で決定していただきますが、弊社から買取金額を企業様名義でNPOなどに寄付します」

こうした活動がバリューブックスにもたらしたメリットは大きい。

「キフボン・プロジェクトの導入後、買取申込件数は2倍近くになりました。すべての買取点数のうち、寄付の申込は1割程度。しかも、寄付された古本のうち3割ほどしか売りに出せるレベルではないのですが、インターネットで『バリューブックス』というワードを検索してくれる数が順調に伸びているのは事実。

これは、古本による寄付モデルが新聞などに取材されて記事になったり、寄付先の団体が日頃から twitter などでインターネット広報をしてくれているおかげです。寄付事業を始めたことによって弊社を知っていただき、買取に申し込んでくれる人が増えていることを考えると、想定以上の大きな効果があるのかもしれません。

長期的には利益は上がっていくかもしれないですが、寄付事業で儲ける気はありません。もともと具体的な効果を期待して始めたわけではなく、単純に社員の仕事上のやりがいを高めたいという思いがあったんです」（中村社長）

かつて同社には個人的事情で仕事に集中できないスタッフがいて、社内で「あの子はがんばっていない」という批判が浮上、スタッフに理解を求めるのが一苦労だった。

そうしたスタッフたちも、ニートの自立支援ＮＰＯなどと関わる中で「世の中には働きたくても働けない状況にある人もいる」と気づき、「みんなで支えていこう」という理解が生まれ、苦しんでいたスタッフも「職場や私生活に相談相手がいる」ことを発見した。

本業を通じてＮＰＯと付き合えば、ＮＰＯが支援している社会的弱者の境遇や生きづらさにも直面する。その重さを理解できれば、彼らに対して支援できる仕事は、社員の働きがいと勤務先への信頼度を高めることになるのだ。

「キフボン・プロジェクト」では１回に５冊以上の寄付を受け付けており、宅配料金は着払いのため、寄付者には送料の負担がかからない。

ただし、この寄付モデルには、二つの課題がある。一つは、ＮＰＯの中にも問題解決の成果や活動の費用対効果が悪かったり、経理がずさんだったり、新興宗教団体や企業舎弟の隠れ蓑や資金洗浄団体になっていたり、理事が逮捕される団体も一部にある点だ。

バリューブックスの支援対象団体にはそのような問題はおこっていないが、そうした団体を事前に除外しておかないと、深刻な問題が発覚した際にメディアに報じられ、その団体と資金的につながりのある企業・団体まで関連づけられてしまいかねない。

もう一つは、本という商材が他の中古商材より新品の単価が低く、買取査定の額が大きくないために、大量の寄付を継続的に募るのに手間がかかり、活動資金を得たい団体にとって寄付を呼びかける広報活動に相当の労力と時間がかかる点だ。

しかも、寄付先の団体が増えれば、その分だけ同じ古本寄付の市場を食い合うので収入額を増やしにくく、広報努力がさらに要求され、本来の活動を圧迫しかねない。

これらの問題を解決するために、筆者は新たな寄付の仕組みを作った。

一般書の場合、新品の単価は四六判で１５００円前後、新書で８００円前後。だが、大学の教材などで使う学術書や専門書は、２０００円以上の高価なものばかり。

つまり、学術書や専門書などの古本の寄付を増やせば、一般書の古本寄付の市場を食い合う構図を避けられると同時に、１点あたりの買取額の単価を上げられる。

そこで筆者は、学術書・専門書を中心に買い取っている古本買取サイト「ノースブックセンター」を営む東京都八王子市の株式会社ノースフィールド（運営統括責任者・北野陽一郎）と組み、「学術書チャリティ」というウェブサイトを立ち上げた。

寄付したい人は、まず、医学・人文・理工などの専門書・洋書・学術書、ソフトウェア・電子辞書、CD・ビデオ・DVD・ゲームなどの不要品を30点以上集める。1回の寄付に30点以上あれば、買取先のノースブックセンターに着払いで送れるからだ。

次に、「学術書チャリティ」のウェブサイト上で活動内容が紹介されている団体の中から、自分が共感できる1団体を寄付先として選ぶ（学校生活や就労の際に困難を抱えている発達障がいの当事者とその家族を支援している団体もあれば、母子家庭・父子家庭を中心に学童保育や塾に通いたくても通えない母子を支援している団体もある）。

あとは、「学術書チャリティ」のウェブサイトにある説明通りに不要品を梱包し、手続きをしておけば、指定した日時・場所に宅配業者が引き取りに来てくれる。

買取額の90％は指定した団体へ寄付され、残りの10％を「ノースブックセンター」と筆者で5％ずつ折半する。「ノースブックセンター」はその金で寄付作業を担当するスタッフの人件費や振込手数料を賄い、筆者は未知の団体が「学術書チャリティ」による寄付を求めてきた際にその団体の内情を調査するコストを賄う。

こうすれば、問題のある団体をフィルタリングでき、寄付先を選ぶ方に安心して団体を薦められる。学術書や専門書は大学の卒業や引越し、大掃除の際に大量に処分されるので、学生がサークルの仲間や先輩、大学や学会などに声をかければ集めやすい。

中古商材には他にも、車やバイクから、家電、家具、宝飾品などまである。古物商が買取の際に寄付を募り、査定額を寄付者の共感するＮＰＯへ振り込むようになれば、社会問題に直面している当事者たちの苦しみはその分だけ軽くなる。

古本1冊の買取額は１００円程度だが、中古車なら1台1万円以上は見込める。これで寄付募集の広報をするＮＰＯの手間は１００分の1になる。だから、古物商の寄付への参加は資金難にあえぐＮＰＯにとって大変ありがたい。そこで筆者は、「中古品チャリティ」というウェブサイトも設け、寄付に参加したい古物商からの相談にも応じている。

古本以外でも、中古商材の買取額を寄付に回す事例は増えつつある。

たとえば、認定ＮＰＯ法人ブリッジエーシアジャパン（ＢＡＪ）では、「フルクル」という古着リサイクルを実施している。古着を寄付すれば、業者に買い取られた収益が、ミャンマーとベトナムで技術移転や人材育成、環境保全の支援活動に使われる。

不要なものがあったら、捨てる前にＮＰＯが支援している社会的弱者の顔を想像しよう。たった1回の寄付でも、それで助かる人がいるのだから。

7 寄付つき商品を作る

売上の一部を寄付するだけで見込める売上増

日本では児童相談所へ寄せられる児童虐待の相談対応件数が増え続けており、2011年度は年間で約6万件に上っている（厚生労働省発表）。

だが、虐待する親から子どもを避難させたくても、児童相談所の一時保護施設は満杯。そこを出てから暮らせるはずの養護施設や民間の自立援助ホームも満杯だ。

里親に引き取られる子もいるが、それ以外の子は親に延々と虐待され続けるか、家出するしかない。未成年の家出人は、捜索願の受理件数では年間で約2万人（警察庁調べ）。捜索願が出されない件数を合わせると、もっと多い。

家出しても、犯罪に巻き込まれたり、自殺するケースは1割未満（同）。なので、親に虐待され続ける苦しみと比べれば、家出はずっと安全な自衛策なのだ。

むしろ問題なのは、低学歴などを原因として低賃金労働を余儀なくされ、貧困に陥り、結婚しても低所得者どうしの夫婦で児童虐待やDVを導くなど、人生が「不幸の再生産」になってしまう点だ。

そこで筆者は１９９９年に『完全家出マニュアル』（メディアワークス）という本を発表し、中卒後に家出しても合法的かつ経済的に自立できる方法を説いた。

今日では、保証人不要で借りられるシェアハウスなどの物件や、高卒認定を取得するための塾も増えたため、家出によって生き延びられる希望をもてる子も増えた。

だが、政治家は得票にならない子どもの福祉には十分な予算を割かない。おかげで児童相談所の職員も、公的な養護施設も、保護できる子どもも、増やすことが難しい。

ならば、民間で自立援助ホームを運営しているＮＰＯなどに資金を提供し、１人でも多くの子どもを保護・教育できるチャンスを増やすのが、解決を早めるのに有効だ。

筆者は、１９９７年にCreate Media名義で編集した本『日本一醜い親への手紙』を２０１０年に復刻し、印税収入の10％を千葉県君津市の自立援助ホームへ寄付することにした。この本は親から虐待された１００人が自分の体験を綴《つづ》ったもので、虐待防止の意識を啓発するツールとして最適だ。虐待された当事者の言葉を読んでほしい。

また、「無事に生まれてくるなら他に何も望まない」と出産前に望んでいた気持ちを親に忘れてほしくなくて、生まれたばかりの子どもへ親が書いた手紙集『パパとママからのラブレター』という本も作った。この本も印税の一部が自立援助ホームに寄付される。

印税の10％（本体価格の１％相当）に決めたのは、これ以上の％だと多くの著者にとって大きな出費になってしまい、真似しにくいからだ。

このように、商品を買うだけで社会問題を解決できる仕組みを「コーズ・(リレーテッド)マーケティング」(CRM)という。

ボルヴィックは、「1リットル分の自社商品を買うとアフリカに10リットルの安全な水を贈ります」というキャンペーンを始めている。売上の一部がユニセフに寄付され、井戸作りやその後の10年間のメンテナンス資金として活用されるのだ。

2007年から始められたこのCRMでは、前年度比1・3倍以上の売上増を記録した(2008年度は1・1倍の売上増)。おかげで、汚れた水しかないために不衛生な環境を強いられ、病気や死亡の問題を抱えていたアフリカの人たちが救われた。

売上が1・1～1・3倍に増えるのだから、売上の一部を寄付したほうが得策だ。

アパレル・メーカーなら、1着1万円の定価(内税)の服の売上のうち、5%を寄付に回せば、消費税5%を除く約9000円が店に入る。寄付なしの場合は9500円だ。通常なら10着は売れる服だとしたら、ふだんの売上は9万5000円。

だが、寄付つき商品にすれば、1・1倍以上の売上増が見込めるので、少なくとも9万9000円以上になる。同じ服なのに、4000円も売上が増えるのだ。

100着売れたなら4万円も開きが出る。寄付で支出するのに利益が増えていくのだ。

10着売れれば、寄付先に5000円が提供される。自立援助ホームなら子ども1人の1週間分の食費が賄える額だ。精神面に問題を抱えた子にカウンセリングを1回受けさせることもできる。

1・1倍以上の売上増が見込めるのだから、定価に10%以下の寄付をつければ損がない。

しかも、企業の規模・業界・商材を問わず、すぐに導入でき、新聞社やテレビ局にプレスリリースを送れば、報道されやすい。

あなたが自分の好きなミュージシャンやマンガ家にtwitterやファンレターでCRMの仕組みを教えてあげれば、影響力のある彼らのCDや本の印税による寄付が増えるかもしれない。

そんなことから、ふつうの人が苦しんでいる人を気軽に救える時代なのだ。

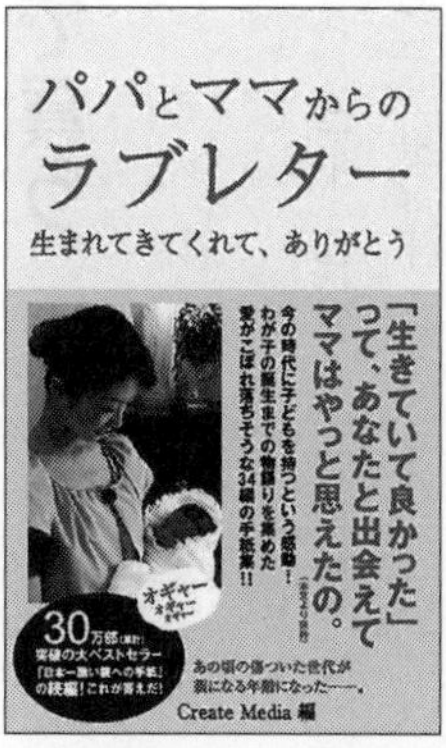

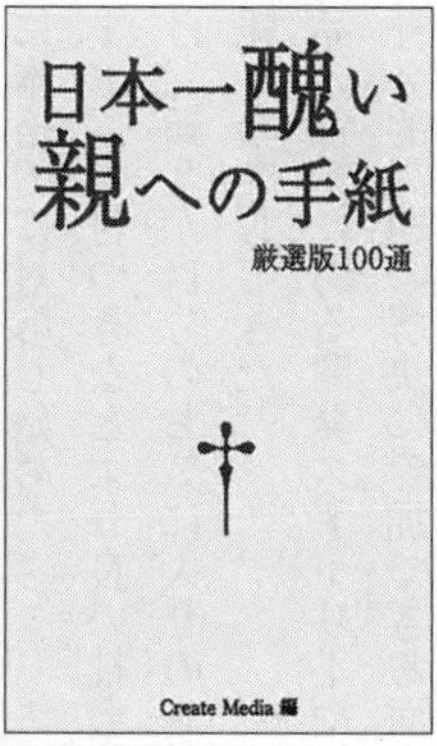

『日本一醜い親への手紙　厳選版100通』（右）と、『パパとママからのラブレター』

8 社会貢献グッズの専門店で買う

お買い物で世界を変える方法

東京都中央区の株式会社ヤラカス舘SooooS.カンパニー（代表・中間大維）は、2010年3月から運営してきた社会貢献グッズの紹介ウェブサイト「SooooS.」（スース）を2012年10月にリニューアル。インターネット通販に本格的に対応し始めた。

同サイトでは、エコやオーガニック、フェアトレード、寄付つきなどより良い社会作りに参加できる商品を「ソーシャルプロダクツ」と名づけ、顧客が自分のお気に入りの商品やブランドを見つけて気軽に社会貢献ができる商品の情報を紹介してきた。

同時に、そうした「ソーシャルプロダクツ」の商品の背景にある開発ストーリーや社会的取り組みの情報も紹介し、ふだんの買い物を通じて社会的課題の解決に参加できる面白さに関心をもってもらえるようにした。

サイト名の「SooooS.」にある五つの「o」は、同サイトで取り扱う五つのカテゴリー「環境」「貧困」「生活・コミュニティ」「教育・文化」「医療・福祉」を表している。

リニューアル後は、人や地球にやさしいソーシャルプロダクツの専門サイト（オンライン・ショッピングモール）として他に類を見ない品ぞろえを実現し、サイト上から直接買えるようにした（一部の商品は除く）。もちろん、ソーシャルプロダクツならではの開発ストーリーの紹介は残し、贈答品としても喜ばれている。

ニュージーランドの１００％天然蜜ろうから作られ、毒性のない顔料を使用しているので子どもにやさしい「Honeysticks の蜜ろうクレヨン」や、ＦＬＯ（国際フェアトレード認証ラベル）によってフェアトレード商品として認証されたパレスチナ産エクストラバージンオリーブオイル、さらには東北の被災地で地域活性化と雇用促進に取り組むべく、大漁旗を再利用して作られたデニムのバッグなどが買える。

また、買い物やログイン、商品に対するユーザ評価などで獲得できるポイントは、次回購入時に1ポイント＝1円相当として商品の支払いに充当でき、マイページの「ポイント寄付」から自分の支持するＮＰＯやＮＧＯに寄付できる。出店希望者も公募している。

一方、２０１２年9月には東京都調布市に社会貢献型商品の専門店「Joy'nt Factory」が開店した。復興支援商品、フェアトレード、コーズブランド、ソーシャルプロダクトなどの雑貨・アパレル・書籍のみ約２００アイテムを扱っている。約10坪の店舗に、アフリカの子どもの学校給食支援を目的とする「FEED」のバッグや「TABLE FOR TWO」のエプロン、アフリカの教育を支援する「OmniPeace」のTシャツなどの商品をそろえている。

岩手県宮古市田老地区の方々が作った「たろうベビーハンモック」、バングラデシュの人が手作りしたサンダルや、ピープル・ツリーが製造したフェアトレード紅茶のダージリン・ティーバッグなど、スーパーやコンビニでは置いていない商品に出会える。

店長は、「2012年5月までサラリーマンとして働いていた」という田中彰悟さん。

「4年前にTOMSという企業を知ったのが、きっかけです。TOMSは、1足の靴が購入されるたびに靴を必要としている子どもに新しい靴を1足贈るために起業したんですね。そこで『コーズブランド』というものを初めて知ってから、購入することで社会貢献につながり、困っている誰かが喜ぶのなら、買い物という行動がもっと価値あるものになると思い、この店を作ったのです」（田中さん）

店は京王線の仙川駅から甲州街道沿いを歩いて約8分。決して立地が良いわけではないが、「駅前に無理して店を作ることは考えなかった」という。

「オープンしてみると、客の半分はフェアトレードを知らない人。何の店だろうと思って入ってくれる。そこでフェアトレードを説明すれば、すぐにわかってもらえます」

遠方の人向けにはオンラインショップも設けており、ギフトセットもあるので、冠婚葬祭の際に贈ると社会貢献の輪を広げられる。

いつものお買い物にこそ、世界を変えられるチャンスが豊かにあるのだ。

第2章

環境保護

いらないものは、捨てずに資源化する。

商品の素材を吟味する。楽しいエコアクション を生み出す。そして、社内や校内、家族などの人間関係も環境だと考える。

環境とは、今あなたがいる場所のこと。

誰もが快適に暮らしたい。

9 不要品の価値に気づく

使用済みの食用油は燃料や商品に

東京都墨田区に誕生し、現在は中央区東日本橋にも営業所を設ける株式会社ユーズは、使用済み食用油の回収・リサイクルを主な事業として営んでいる。2013年で創立16周年、年商は1億3000万円に達する。

代表取締役の染谷ゆみさんの父・染谷武男さんは、経営していた油リサイクルの有限会社染谷商店（産業廃棄物中間処理許可工場）の研究室で使い終わった天ぷら油からバイオ燃料「BDF®」を1993年6月に開発した。

BDFとは「バイオ・ディーゼル・フューエル」の略。VDF（ベジタブル・ディーゼル・フューエル）という商品名で売り出し中。どちらも染谷商店が作った和製英語だ。

この発明によって、CO_2を理論上ゼロと考えるカーボン・ニュートラルが実現する。植物から搾られた油は天ぷら油として使われた後、燃料（VDF）に精製・加工されて車を走らせ、CO_2を排出するが、それを植物が吸収し、酸素を放出する。その植物はまた食用油の原料となり、VDFに再資源化され、CO_2は＋－0と換算される。

１９９１年から父親の会社で使用済み食用油（廃食油）の回収を始めていた染谷さんは、使い捨て社会から循環型社会へ変えるためにこの仕組みを役立てようと考えた。

だが、燃料として販売する上では、燃料に関するさまざまな法規制や不当な税制、再生エネルギーへのシフトに対する関心の低さなどから、行政や関係機関と多くのストレスフルな交渉や知恵比べに奔走することになる。その経緯は、染谷さん自身が書いた本『ＴＯＫＹＯ油田物語　天ぷら油まわりまわって世界を変える』（一葉社）にくわしい。

１９９７年3月、染谷さんはユーズを設立。武男さんのＶＤＦプラント販売開始後、２００7年10月に、２０１7年度までに東京都から出る廃食油のすべてをエコ資源にする「ＴＯＫＹＯ油田２０１７」プロジェクトを立ち上げた。

都では年間2万トン以上の廃食油が家庭から捨てられている。東京中の無数の台所を思えば、それはでっかい油田。しかし、その大半は凝固剤や紙に吸収させてゴミとして廃棄されたり、生活排水として河川に流されている。

飲食店や商業施設などから回収する廃食油は産廃のため、処理手数料を徴収できる。ユーズは一斗缶あたり３００～５００円で引き取り、染谷商店に買ってもらう。

この油を染谷商店が精製・加工し、武男さんが代表を務める株式会社ＢＤＦでエコ資源として再生。バイオ燃料（ＶＤＦ）や肌にも自然にもやさしい「油田せっけん」、家畜の飼料や植物栽培用の肥料、塗料、エコキャンドルなどにリサイクルして販売される。

中でも主力製品であるVDFは、車に使用した際の硫黄酸化物の排出量がゼロ、呼吸器官障がいの原因である黒煙の排出も軽油の半分以下。環境にやさしい商品であるだけでなく、発電にも使用できるため、同社では「天ぷら発電」と呼んでいる。

2011年と2012年のクリスマスシーズンに品川区の目黒川沿い（五反田～大崎駅間）に設置されたイルミネーションは、近隣の10ヶ所のマンションやビルなどから回収された使用済み食用油を原材料にしたVDFによる自家発電によって点灯され、地球にやさしい再生エネルギーの地産地消を実現した。こうした再生エネルギーを広範囲に普及させていくには、廃食油の回収を効率良く行う必要がある。

既に東京、埼玉、千葉、神奈川の4都県で5000店舗以上の飲食店から回収しているが、近隣の家庭から廃食油を集め、一度に集荷できる「回収ステーション」も約200ヶ所に拡大中。NPO、企業、商店、集合住宅、学校、行政、商店街、ビル・テナントなどと連携し、次々と回収ステーションを増やしてきた。

回収ステーションになると「TOKYO油田2017」の公式サイトで紹介、近隣の方々に回収ステーションであることを示す油田ステッカーとポスター、案内チラシが配布される。集まった天ぷら油を容れる頑丈なペール缶が貸し出され、おしゃれな特製回収ボックス（有料）も提供される。2010年3月には、横浜マリンタワーが回収ステーションとして参加する「横濱油田」も生まれた。

学園祭の模擬店などでも多くの使用済み食用油が排出され、ほとんど廃棄されていた。だが、2011年秋には大学生による有志団体「エコ学園祭ネットワーク」の協力を得て首都圏の9大学で「キャンパス油田」が発足。大学で回収された油から作ったVDFで発電したライブ・ステージを実演するこの試みは、経産省の平成23年度ソーシャルビジネスコンソーシアム新事業創出展開支援事業の一環として行われた。

キャンパス周辺の地域住民からも油が回収され、その油からエコキャンドルを作るワークショップも行われ、3395キログラムの廃食油の再資源化を実現させた。「キャンパス油田」で回収した廃食油をすべてVDF化して使用した場合のCO_2削減効果の算出を行うと、軽油使用時と比較して約9883キログラムの削減効果があった。

また、学生や市民がリサイクルによるエネルギー供給の循環システムや環境負荷の低減について関心をもつ機会にもなり、2012年には東京工業大学（工大祭）や青山学院大学（相模原祭）など13大学15学園祭が参加した。

こうした廃食油の回収ステーションの設置に際し、何度も実施指導に当たるユーズは1万円の年会費を徴収している。リサイクル導入支援サービスとしては破格の安さだ。

たとえば、コンビニやファミリーレストラン、スーパーなど広い駐車場をもつ飲食店が回収ステーションになれば、使用済み食用油を届けに来る近隣住民が太い客になったり、エコ意識の高い新規の顧客も来訪するため、売上アップが見込める。

東京都で捨てられる廃食油のすべてをリサイクルする「TOKYO油田2017」プロジェクトの締切まであと4年と迫った2013年2月時点で、成果はどれほど進んだのか？

「達成度は17％程度。それでも、急激に右上がりカーブを描いて浸透していく気配があります。2008年に日本でも予測不可能な局地的集中豪雨である『ゲリラ豪雨』が多発し、2011年には東日本大震災がおこるなど、環境破壊やそれに伴って必要になる自然エネルギーに関心をもつ人が急増しています。回収ステーション事業もリサイクル商品も、お客さんからオファーを受けて実現してきたもの。イベントでアンケートをとると85％の人が『近くに回収ステーションがあったら油をもっていく』と回答し、廃棄物に対する企業の意識も随分変わってきました」（染谷さん）

染谷さんは18歳でチベットを訪れ、土砂災害に遭い、九死に一生を得た。その事故について土地の人から「人災だ」と教えられ、木を伐採し、コンクリートで土を埋め立てていった環境破壊の結果が世界中で見られることに気づいた。そこで環境に関わる仕事を志したが、当時はまだ「環境ビジネス」という業態はなく、旅行代理店の仕事についた。だが、父親が経営する使用済み食用油リサイクルの事業の社会的意義の深さを理解し、28歳でユーズの代表として独立を果たしたのだ。

「私たちの世代は、環境がここまで破壊されるまで上の世代と同様に闘ってこなかった。若い世代には『ごめんなさい』と言いたい。日本全国では年間約40万トンの使用済み食用油が出るといわれ、そのうちの半分が家庭から出ているのに、ほとんどが捨てられています。そのすべてをVDFに精製したい」

　自分のまわりの環境を守ろうとすれば、ゴミをエネルギー資源や商品に変えることもできるし、ゴミのない世界だって作れるかもしれない。

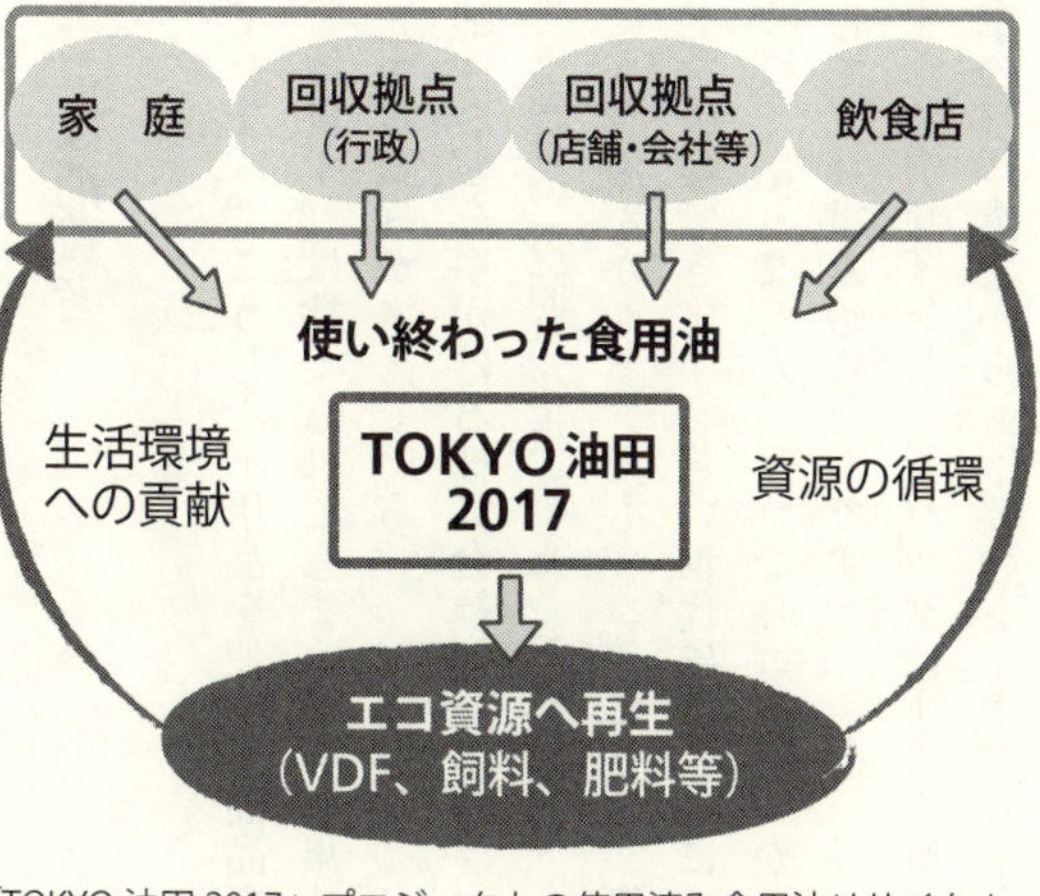

「TOKYO油田2017」プロジェクトの使用済み食用油リサイクルの仕組み

10 廃材から商品を作る

おしゃれなデザインを買うエコな消費者

商品を作る際には、大量の端材や廃材が出てしまう。こうした不用品を使って商品を作れば、低コストで新しい産業が興せる。そこで、放置すれば捨てられてしまう廃材を集めてデザインの力でおしゃれな商品にして製造・販売する試みが増えている。

青山雄二さんは、ノベルティのデザイン・制作などを手がける株式会社ケンエレファント（東京都千代田区）の社員として、2008年に廃材の再商品化事業を立ち上げた。

「廃材は燃やせばガスが出るし、埋め立てるにも費用がかかる。でも、ゴミにせず、素材の特性を生かして商品を生み出せば、廃棄コストを圧縮できます。若い世代には自分にできる身近なことから環境を改善したいという人が少なくありません。それならゴミからかっこいい商品を作れたら面白い。そこで社内事業として取り組み始めたんです」

まず、大量廃棄される古新聞を社内でおしゃれにデザインし、紙バッグにする作業を清瀬わかば会（東京都清瀬市）に委託した。自動車の解体業者からも不要のシートベルトとエアバッグをもらってネームタグとして再生させ、文具メーカーの株式会社ハイタイドからＯＥ

M生産として受注すると、全国のハイタイド取り扱い店で販売してもらえた。

人気に火がついたのは、サーフボードを製作する際に使用するポリエステルの樹脂が大量に床にこぼれて積層された美しい樹脂の塊をリサイクルしたアクセサリー。

このアクセサリーのひもの取り付けは、清瀬わかば会と浦島共同作業所（神奈川県横浜市）に委託した。どちらも障がい者が働く小規模の福祉作業所だ。

２００９年からサーフボード業界が不況でボードの切り出し廃材が出なくなり、素材を調達できなくなった。ボード以外の工場を見て回るとアクリル板が山積みになっていた。

その頃、デザインユニットminna（ミンナ）の長谷川哲士さんと角田真祐子さんに出会い、「他に使い道がない」といわれたアクリル廃材でファッションバッジなどを作り始めた。

廃材はそのままでは商品の素材にはならない。付属品を外して汚れをきれいに洗い落とし、デザインしやすいように形を整えた後でどんな商品にするのかを企画する。

手間のかかる作業だ。たとえば、売れ残りの英字新聞を使ったNEWS PAPER BAGは、千葉県木更津市のhanaを含む1都3県の福祉作業所で1点1点手作りしている。

このバッグは4ヶ月間で約1万個を製造し、２０１０年度の東京デザイナーズウィークの公式バッグに採用された。アクリル素材ではminnaのデザインで小さな端材を組み合わせて作ったバッジを販売。ウェットスーツの生地ではペンギンのキャラ〝ピングー〟のキーホルダーとアンブレラマーカー（自分の傘を見つけやすくする目印）を作り、ピングー公式サイトで販売した（既に販売終了）。

２０１１年春、再生商品のニーズにも手ごたえを感じてきた。minnaのデザイン商品だけでも売上が１００万円を超えた。同年9月、ＮＥＷＳＥＤ ＰＲＯＪＥＣＴはケンエレファントから独立してＮＰＯ法人になり、青山さんは同社から出向して副理事になった。

「企業ではできないことをするためです。それは、自社商品を作るだけでなく、廃材で再商品化できるプロダクトデザイナーを増やして新たなブランドが続々と立ち上がるよう支援すること。これで再商品化の素材になりうるものの廃棄量を減らしていけます」

同年夏、ＮＥＷＳＥＤ ＰＲＯＪＥＣＴは不要なものから必要なものを作り出す新人デザイナーの登竜門「ゴミコン」（GOMI-CON）の開催を発表。公式サイトで大量に捨てられている廃材リストを示すと海外からのアクセスも増え、国際的にも関心が高かった。

「アマチュアからプロまで１００点以上もの応募があり、大賞受賞者には賞金を提供しただけでなく、素材を提供する非営利団体や販売店になる企業などに審査をお願いし、『小学館ＤＩＭＥ賞』を設けて雑誌で紹介してもらうなど、商品化を進める上で役立つ人材と出会える副賞も作りました。商品化されればロイヤリティが支払われます」

このゴミコンは毎年開催の予定で、２０１２年も開催された。

「日本独自の技で作られたエコ製品を海外に売っている東京の企業エコトワザさんにプロモーションの英訳などをお願いしています。廃材から生まれた商品がグッチやエルメスと並ぶブランドになるよう、世界へ発信していきたい」

こうした商品は公式サイトや、ホームページ上で紹介している全国の店舗でも購入できる。取り扱い店は日々増えている。

このように廃材を利用して高い価値のある商品を作る「アップサイクル」の試みは、東京都墨田区の「配財プロジェクト」や奈良の廃材家具工房「エンジェルのために」など各地で盛んに進められている。

NEWSED PROJECTの商品の一つ。強度のあるシートベルトの素材を生かした蝶ネクタイ。光沢で高級感も出る

11 人間関係も環境と考える

廃校文化祭と、寺を活用した無料塾

「学校の境目が、青春の境目であってはならない」

そんな言葉を掲げた学生団体がある。大学生・高校生が学校の垣根を越えて作り上げる「校境なき文化祭」と関連イベントを企画、運営する廃校文化祭実行委員会だ。

この団体は一人の大学生の思いつきによって2011年2月に結成され、「校境なき修学旅行」や「校境なきロックフェス」などを実現してきた。

同年度の実行委員会には関東を中心に40大学20高校から120名の実行委員が集まり、同年11月に東京都八王子市の旧小学校跡地で第1回の「廃校文化祭」を実現させ、1000人近くを動員したという。催しは、タレントのトリンドル玲奈さんを招いてのトークショーや、大学生芸人や高校生芸人によるお笑いグランプリ、実行委員の学生全員が相談員になる高校生向けの進路相談などだった。

実行委員は、大学生・大学院生・高校生または高専生や専門学校生などそれらに準ずる身分の15〜24歳で、実行委員の過半数による参加の賛同を得た者だけ。

学生が主体であるため、原則として定職をもつ社会人の参加は認められていない。実行委員に選ばれると、「大学生以上またはそう判断される者」のみ活動費として1人1万円が徴収されるが、高校生またはそれに準ずる人は無料だ。

廃校以外にも、使われていない物件はいくらでもある。

名古屋にある浄土宗の寺・大雄山性高院では、2007年から「ちゃれん寺」という社会貢献の取り組みを始めている。運営者は、この寺の跡継ぎの廣中大雄さん。

お寺の近隣住民には、困っている人が少なからずいる。シングルのママ・パパが生活や教育のことを相談に来る。児童養護施設の子どもたちが「勉強がしたい」「大学や専門学校に行きたい」と相談に来る。高校を中退してしまった子も今後のことについて相談に来る。年収200万円の家庭で暮らしているために塾に通えない子もいる。

そこで廣中さんは、寺の本堂を利用した「現代版寺子屋」として無料塾を開こうと考え、地元の個別指導塾、名学館の代表・佐藤剛司さんにボランティア講師の派遣を依頼した。「わかりませんは大歓迎」というキャッチフレーズの名学館は、これを快諾。教材を無償で提供し、熱血教師たちがボランティアで子どもたちに学習指導を始めた。

寺は中学1年生から高校3年生までの子どもを受け入れた。彼らは何不自由なく塾に行ける子たちと比べると遅れがちな学力を補い、受験勉強ができるようになった。

また、2008年からは駆け込み寺として悩める親子からの相談をボランティアで受け付け、緊急避難場所として1泊2日程度の短期宿泊も可能にした。

一方、「長屋ビッグファミリープロジェクト」と称する試みでは、DV被害者などの社会的弱者の自立と再チャレンジを支援するために、入居希望者の言い値の家賃で入れる自立支援寮を2010年4月から始めた。

「子どもがすぐ近くにいても一緒には住めない」という一人住まいの高齢者やお金のない苦学生や留学生たちも入居し、入居者の赤ちゃんや子どもをみんなで育てる触れ合いの場にもなっている。これも、体が不自由なのに身寄りがない高齢者たちが、住むところに困って寺に助けを求めてきたことがきっかけだった。

「お寺の仕事は、困っている人とさまざまな属性をもった檀家さんをつなげて、地元で助け合えるつながりを作ること。お寺は全国に約8万、僧侶は30万人、信者さんは6000万人います。これだけの規模の組織があれば、貧困者支援にいかせるはず」（廣中さん）

環境問題といえば、地球温暖化で溶ける氷山や大気汚染を思い浮かべがちだ。だが、経済的な余裕を誰もがもてるようにすれば、殺処分される動物や途上国の豊富な自然を守ることを思いやれる精神的な余裕ができる。つまり、貧しい人に経済的な余裕を与えることも、動植物の生きる地球環境を保護することにつながるのだ。

外国の大学進学率は、1990年から2009年までの20年間で大きく上がった。オーストラリアは35%→94%、韓国は37%→71%、アメリカは45%→70%。進学率の伸びが大きい国ほど経済成長率も大きくなるが、日本の大学進学率はまだ51%だ。

親の所得で子どもの学力が決まり、学歴で所得が決まりがちな日本では、貧乏な親の下で育つと、努力だけではお金持ちの家の子と同じ高学歴になるのは難しい。

貧しい家の子は貧しい文化の中でそれを当たり前として育てられる。そのため、親が中卒だと子どもが大学へ進学したくても理解を示さないこともある。

そうした貧しい文化の世代間連鎖を温存するのは、貧困当事者ではない。自分だけの幸せを求めることに何のためらいも覚えない勝ち組たちの恐ろしいまでの無関心だ。

高学歴の勝ち組の中には、上れば上るほど多くの他者を蹴落としてきたのに、負け組の事情を知ろうとせず「勉強しないお前が悪い」と自己責任を押し付けて、切り捨てる人々がいる。

彼らは自分たちに都合の良い学歴社会を作り、無自覚な既得権益者になった。

だが、「どんな人にとっても生きやすい社会を作り出したい」という公共心があるなら、学歴に関係なく仕事の価値で所得が保証される社会へ変えていく必要があるだろう。

12 ジャマなものを活用する
北国発の雪冷房と、過疎村の間伐材

ＮＰＯ法人雪氷環境プロジェクト（北海道札幌市）では、積雪寒冷地で生成される雪や氷などの環境にやさしい冷熱エネルギーを利用し、地球温暖化やヒートアイランド現象の問題解決を図るための活動を進めている。

活動の目玉は、冬に貯蔵した雪を使って夏の冷房に使う「雪冷房」だ。同ＮＰＯは２０１１年夏から簡易雪冷房機による体験イベントを東京都内で繰り返し開催してきた。

雪冷房は、既に北海道美唄市の介護老人保健施設「コミュニティホーム美唄」に導入されている。同市には世界初の雪冷房マンションも１９９９年に完成しており、２００８年の洞爺湖サミットではザ・ウインザーホテル洞爺国際メディアセンターの冷房がすべて雪冷房で賄われた。

雪の冷気を送風するという冷房システムには、電気冷房機のように室外機からの排熱もなく、温暖化を促進させるフロンガスの使用もないため、環境にやさしい。従来型のエアコンによる冷房と比べて電気料金が10分の１にまで削減でき、除雪費や労力も削減できる。

そのため、雪を使いたい寒冷地と冷房を使う首都圏の双方の生活者にとって経済的だ。

何よりも雪は無料。それが豊富にある豪雪地帯にとっては、経済活性化の切り札にできる期待もある。雪貯蔵で保存された鮮度の良い農作物を出荷できるようになれば、たとえば米なら高品質・高価格の新米のまま備蓄できることになるからだ。ただし、首都圏での雪冷房の実用化には雪国から大量の雪を輸送するコストに問題がある。

「1トンの雪で六畳一間を20日間冷やせます。これによって3200円程度の電気代が節約できますが、1トンの輸送コストがそれ以上にかかってしまう。そのため、CO_2排出権取引で相殺できないか検討中です。札幌市によると1500万トン以上の雪が残っているので、それらをすべて雪冷房に利用できれば32億キロワットの電気が節約できるそうです。札幌市内の年間の消費電力が95億キロワットなので、約3分の1も節約できるのです」(同NPO理事長・小嶋英生さん)

福島原発の事故で電力不足が叫ばれる中、輸送コストさえ解決できれば、雪国の雪捨て場の雪を首都圏へ運び、老人福祉施設での冷房や東京中央卸売市場の農産物の低温保管に利用することもできるだろう。雪冷房を導入することが、都心に本社ビルをもつ企業の環境意識を測る新たな基準になる時代が来るかもしれない。

ジャマになるだけでなく、捨てるにも労力がかかってしまう素材でも、商品としての使い道を考え、知恵を出せば、新たな資源としての利用法が見つかるものだ。

2012年、東京・銀座の文具店「文祥堂」は創業100周年を迎えるにあたり、都市と森をつなぐ新しい試みを始めた。「ニッポン木環《きかん》プロジェクト」だ。

日本の国土の約7割は森林。そのうち約4割が人の手によって植林された人工林だ。今こそ計画的な間伐や皆伐によって出た木材を広く世の中で使うことが求められているが、そのめどは立っていない。木を適切に伐《き》って大切に使うことが森を守ることにつながる。

そこで、森林保全の問題解決の一助となるべく、文祥堂は都市、主に人が働く場であるオフィスで国産木材を価値化することにチャレンジし始めた。

間伐材を使用した製品を開発・販売しているニシアワーと組み、「KINOWA」というブランドで国産木材（主に檜《ひのき》の間伐材）を使ったプロダクトをリリースし、従来から文祥堂と取引のある国内オフィス家具メーカーの協力のもと、国産木材・間伐材を利用したプロダクトを積極的に紹介している。

ニシアワーは、岡山県英田郡で2009年に創業したベンチャー「株式会社西粟倉・森の学校」が運営する地元の木材を利用した製品のショッピングモールだ。「ニッポン木環プロジェクト」による開発商品には、檜で作られた名刺入れや、タイルカーペットのように施工できる木製床タイル「ユカハリ・タイル」などがある。

文祥堂は、この「ニッポン木環プロジェクト」の対象商品の売上の１％相当額を使って一般社団法人フォレストック協会（東京都港区）からCO_2吸収量クレジットを購入することで、全国の森林所有者へ森の恵みに対する感謝をフィードバックしている。

全国各地に過疎化した村はたくさんあるが、人が減っていったからこそ、その村の森には間伐を待っている木が豊かにある。

物事には常に良い面と悪い面があるものだ。悪い面だけを見てしまえば、「それまで誰もこの問題を解決できなかったのだから今後も無理だ」と悲観的に考え、思考停止してしまう。しかし、困った問題の中にも良い面はあり、困った問題が複数あれば、その組み合わせ次第で新たな解決法を生み出せる。

札幌では雪かきに時間や労力を割かれることが問題視されていた。都会では電力不足で困っていた。だから、この二つの問題を同時に解決する方法が考えられ、雪冷房が実現し、雪国の都会である札幌で成功事例が作られた。

マイナス要因とマイナス要因をマッチングよくかけ合わせれば、プラスに転じるのだ。

このマッチングの精度を上げるには、都心の老舗の文具店が過疎の村の新会社に目を向けたように、自分を悩ませる問題だけにとらわれず、自分が関心外にしてきた誰かの困りごとに目を向けることが必要なのだ。

13 商品の素材を替える

石や竹でも紙は作れる

株式会社TBM（東京都港区）では、石灰石から作ったストーンペーパー「Keeplus」（キープラス）を販売している。アメリカ、イギリス、フランス、ドイツ、イタリア、オーストラリア、カナダ、中国など48ヶ国以上で特許を取得した「石でできた紙」だ。

原料に木材パルプを一切使用していないため、紙の代わりに使えば貴重な森林資源の保護につながる。また、工場での製造時に機器類の冷却水以外を必要としないため工業排水の問題もなく、河川や海の水質汚染を抑制できる。

焼却処分時のCO_2排出量も一般的なパルプ紙よりも大幅に削減できる。

石なので耐水性や耐久性にも優れ、水に浸してもインク漏れしない。

同社では、これを会社案内や商品カタログ、封筒やメモ帳、紙袋などに商品化した。国民的アイドルAKB48のホームグラウンドである東京・秋葉原のAKB48劇場のチケットにも採用された。導入企業は既に1000社を超えている。広報担当者はいう。

「2010年3月の総務省の労働力調査によると、日本の昼間就業者は6210万人。その全員が名刺をキープラスに替えると、年間で約167万本の樹木を伐採せずに済みます。これは森林面積にすると東京ドーム約360個分。また、一般の名刺と比べて燃焼時のCO_2排出量が30～50％減るので、約4万1000トンのCO_2を削減できます」

もの作りの現場で「商品の素材として本当に木材が適しているかどうか」を考えて利用すれば、木の無駄遣いは減る。

この名刺は両面フルカラーの場合、200枚で2730円（税込）。

売上の一部は「緑の東京募金」に寄付される。同基金は、都内の街路樹を2016年までに100万本に増やし、海の埋め立て地に植林をして都心に吹き込む海風を涼しい風に変えてヒートアイランド現象をやわらげ、小学校の校庭を芝生化するために使われる。

一方、中越パルプ工業株式会社（東京都中央区）は竹で紙を作っている日本で唯一の会社だ。「竹紙《たけがみ》」と名づけられた紙は、竹100％で作られている。

放置竹林は光を求め、里山などを侵食し、生態系を破壊する。根の張りが浅いために土壌を支えきれず、土砂崩れの原因にもなる。タケノコ農家では市場を中国産に奪われないよう、生産性向上のために5年周期で竹を間伐してきた。だが、竹垣や竹かごなどに利用したくても他の素材が竹にとって代わり、間伐竹は山に放置された。

そこで同社は1998年以降、間伐竹から紙を作ることを試みた。製紙工場のある鹿児島県薩摩川内市のタケノコ農家などには間伐竹を作業用の軽トラックでチップ工場まで搬入してもらった。蒸解された竹チップの繊維は紙に、残りは燃料に利用できる。

「竹は木材より繊維が少なく、空洞の形状では紙にするにも効率が悪いのです。それでも木材と同じかそれ以上の値段で買い取り、九州一円から年間2万トンの竹が集まっています。買い取り価格が高すぎるのかもしれませんが、商品化の実現で地域に経済価値を生み出し、山がきれいになること自体を一つの成果として見ています」

と、同社の営業企画部の部長・西村修さんはいう。竹の繊維は広葉樹より長く、針葉樹より短い。強くてしなやかなのでショッピングバッグや印刷用紙にも使えるが、どっちつかずの素材だ。だから誰も竹から紙を作ろうとはしなかったし、素材を大量販売するメーカーとしてはどう広く長く売れる商品に育てるかが課題になる。

中越パルプ工業は2009年、横浜開港150周年記念テーマイベント「開国・開港Y150」の施設「竹の海原」の屋根や壁に使用した約2万本の横浜の竹を紙に再生した。「アースデイ東京2010」から毎年ガイドマップに竹紙が採用されたほか、「国産竹100%使用竹紙の利用促進に係る協定書」が薩摩川内市・印刷工業組合・中越パルプ工業の三者で調印され、同市の特産品に認定された。

2011年には「竹紙ノート」の販売を始め、「CO_2・CO_2（コツ・コツ）と減らす『かごしまアクション』コンテスト」で優勝。

第8回エコプロダクツ大賞（エコプロダクツ部門）でも大賞である農林水産大臣賞を受賞した。２０１２年には「平成23年度 森林・林業白書」に竹紙が掲載され、リオデジャネイロでの「ＲＩＯ＋20サイドイベント」でも世界に発信できた。

紙を作る素材が増えても、市場では木にとって代わることはない。

だが、特質の異なる素材の紙製品が増えれば、木材ならではの特質をさらに生かした有効利用を改めて考える機会になり、環境負荷の小さい製品を選ぶ消費者の目も肥えてくるのだ。

竹紙は「開国・開港Y150」のパンフレットやポスターにも採用された

14 学びを遊びにする

みんなでエコ知識を競い合えるゲーム

環境保護は、1990年代からメディアや教育の現場で盛んに叫ばれ始めた。それゆえ1980年代以後に生まれた世代には「エコうざい」という言葉さえ生まれた。

2005年冬、慶應義塾大学の2年生だった横山一樹さんは、「環境に素直に興味をもてる伝え方ができれば環境のことを考え続けられるんじゃないか」と考え、友人と一緒に食物連鎖や環境破壊の知識を盛り込んだトレーディングゲームを試作した。

カードに書いた知識のつながりから、人間の活動と環境が互いに連関し合っていることを遊ぶ人が自然に考えられるようにしたのだ。厚紙で手作りしては近所の児童館で子どもたちに遊んでもらい、率直で厳しい感想を受けながら何度も作り直した。

そんな折、「大日本印刷（DNP）が学生起業を支援する講座を学内で開講している」と知り、同社にメールすると、DNP本社でプレゼンできるチャンスを得た。そして、DNPの社内ベンチャー制度を活用し、横山さんと友人、DNPの事業開発企画室の社員の3人で合同会社マイアース・プロジェクトを2008年7月に設立。

学術的な内容を専門家に監修してもらい、カードゲームに親しんでいる9歳以上の男子向けに、同年8月『地球環境カードゲーム My Earth』を書店で発売すると、初期出荷の５００個がなくなった。北海道大学の生協ではベストセラー・ランキングに入った。

このゲームは、生き物カードを使って地球を守る「青い地球プレイヤー」と、地球温暖化カードを使って地球を壊す「赤い地球プレイヤー」に分かれて対戦する。各プレイヤーは切り札として「人間の活動」カードを使用でき、カードを集めて組み合わせを考え、自分だけの地球環境（マイアース）を作れるようにゲームを進め、勝負をする。

カードの組み合わせに正解はなく、自分の考える地球を自由に作れる。

さまざまな生き物や環境破壊の戦いに「私たちが現実的にできる行動」が加わるため、ゲームを楽しく遊べば遊ぶほど、その人の日常的な行動を変えていける仕組みだ。

横山さんらは毎週末、全国行脚をして大学生の環境サークルや研究室とコラボしながら環境イベントを実施したり、小学校への出前授業やエコ関連の展示会、ショッピングモールなどでゲーム大会を実施した。

こうした地道な活動の結果、このゲームに興味をもつ学生が増え始め、同社主催のイベントや授業を手伝う「マイアースファシリテーター」のメンバーは、創業1年後の２００９年6月には50人を突破。カードにプリントされた写真には可愛い動物も多く、親子で遊べるのも魅力として、このゲームは口コミで広がっていった。

さらに、B to B の事業として人間の活動カードに企業の環境に対する取り組みを紹介した「チャレンジ・オブ・ザ・カンパニーズ」というパッケージも２００８年12月にリリース。全国の書店で一定期間、商品購入者へのプレゼントとして限定配布した。

インターネットや水族館・博物館のショップなどでも販売されるようになると、２０１０年８月にはシリーズ発行枚数が４５０万枚を突破した。

トレーディングカードの特徴として「入れ替え用パッケージ」がある。

買ってから袋を開けるまで何が入っているかわからないというワクワク感があり、後から新しい情報を収録したカードも追加できるため、無数の組み合わせを自在に楽しめる。

そこで、マイアース・プロジェクトでは、子どもたちが自然体験イベントに参加して得た学びをアウトプットする機会として、オリジナルカードを作れる仕組みも作った。

女子向けには、繰り返し貼ってはがせるしおり「stipee®」（スティッピー）の製造・販売を行う会社 PlasticArts と組んで、『stipee-My Earth 陸／海シリーズ』を２０１１年４月から販売。世界の写真家が撮影した野生の生き物の写真をしおりにしたものだ。

熱帯雨林やアフリカなどの生態系に関連する陸シリーズと、北極海や沖縄の海の生態系に関連する海シリーズがあり、陸シリーズは売上の１％をＷＷＦジャパンの森林保全活動に、海シリーズは売上の１％を同基金の海洋保全活動に寄付した。

『地球環境カードゲーム My Earth』は、ゲームに医療や教育などの要素を加味した「シリアスゲーム」と、現実の問題を解決することにワクワクできるゲームの仕組みを取り入れた「ゲーミフィケーション」という二つの方法で進化し続けている。この手法は多くの社会問題の解決にも使える。世界は、遊びながらでも変えていけるのだ。

『地球環境カードゲーム My Earth』の１枚

15 ゴミ拾いをスポーツにする

チームでやれば楽しくなる仕組み

一般社団法人日本スポーツGOMI拾い連盟（東京都渋谷区、代表理事・馬見塚健一）では、「スポーツGOMI拾い」（略称スポGOMI）というイベントの開催と普及活動を実施している。企業や団体が取り組む従来型のゴミ拾いにスポーツのエッセンスを加え、社会奉仕活動を「競技」へと変換させた新しいスポーツだ。

公式ルールでは、家族、友達、職場の仲間などで5人以内の一つのチームを作り、チーム名を決めてエントリーする。ゴミ袋、トング、軍手はすべて主催者側で用意されるので、参加者は運動のしやすい服装・シューズを準備しておく。

当日は、開会式、準備運動、作戦タイム、選手宣誓に続き、町や公園、河川、商店街など指定された場所に集まってゴミを拾う。拾ったゴミは、燃えるゴミやペットボトル、カン・ビン、タバコの吸殻など6種類に分別回収し、それぞれ100グラムを100ポイントとして換算される。

終了後、拾ったゴミが集計・計量され、1時間の制限時間でより多く拾ったチームが優勝。

くわしいルールは大会当日に説明されるが、スポーツマンシップに則って正々堂々とゴミを拾うことが鉄則だ。

チームワークが大切で、「作戦タイムをおろそかにしない」「目に付いたゴミはまんべんなく拾う」「植え込み、建物の隙間など日頃あまり目の届かない所が狙い目」などのガイドラインがある。

第１回のスポーツＧＯＭＩ拾い大会は、２００８年５月に行われた。

「社会貢献活動にあまり意識をもってなかった人が集まってくれました。ゴミ拾いをやったことがない人が大勢参加してくれました。参加の理由は『スポーツだから』。チーム制で、制限時間を設け、ゴミにポイントをつける。それだけで参加者は、いつの間にか夢中になってゴミを探し始めます」（公式サイトより）

２０１２年５月に広島市の中心部で開催された大会には、県内から21チーム（１０５人）が参加し、１２８・４キロのゴミが集まったという。

この「スポＧＯＭＩ」は全国各地で次々と開催されており、２０１３年の２月10日に福岡県北九州市で行われた大会（小倉北区城内の勝山公園）で第１２６回を数えた。

これに参加すれば、拾えば拾うほど自分が住んでいる街にどれほどゴミが多いかを実感し、たくさん拾えてしまう現実に驚きととまどいすら覚える。親子で参加すれば、子どもにとって危険なゴミや衛生的に良くないゴミにも関心をもつチャンスになる。

そして、スポーツゆえに、他のチームよりも多くゴミを拾えなかったことを残念に感じ、次はもっと多くのゴミを拾いたいと思うだろうし、たとえ負けてもふだんからゴミを捨てない、増やさないようにしたいと望むようになるだろう。

この「スポGOMI」について、公式ルールを作った馬見塚さんはこう語る。

「このスポーツ自体が、ゴミがあって成り立っているものなので、僕らはこのスポーツが消滅すること＝街からゴミがなくなることを目指してがんばっていきたい」

日本スポーツGOMI拾い連盟は、「5月3日を護美の日（美しさを護る日）へ」をスローガンに全国各地でゴミ拾いの啓発活動を行っている「100万人のGOMI拾い」や、ゴミ拾いアプリで世界をきれいにするピリカ（PIRIKA）と協働し、「GOMIファンタジスタ」としてゴミ拾い活動に参加できる機会を増やし、活動を広げている。

スポーツGOMI拾いは、日本が生んだ最も環境にやさしいスポーツであり、世界初の地産地消のスポーツだ。しかも、子どもでも、高齢者でも、障がい者でも、外国人でも、誰もが気軽に参加できる。

市民が大会に参加する頻度が高まれば、隠れたゴミを探し出す技術や分別の経験値も高まり、より速くより多くのゴミを拾える選手たちが続々と増えるだろう。それを思うと、今後は全国津々浦々に広げるだけでなく、海外にも広く普及してほしい。

Jリーグのように各地域で継続的に活動するチームを増やしたり、インターネットを使って外国にもこの活動に共感する市民の輪を広げていき、将来オリンピックのオープン競技として各国の代表選手たちが戦うワールドカップを開催できたら面白い。

日本で培われたゴミ拾いの多様な技術が世界中の市民に共有されれば、たとえば観光客の出すゴミに迷惑している世界遺産の美化に国を超えて貢献できたり、地球環境を分かち合う仲間としての意識も高まるだろう。

大会のようす。この競技によって大量のゴミが集められていることがわかる

16 個人の旅を社会化する

バイオ燃料と、限界集落の知恵

化石燃料に頼らず、天ぷら調理などで使用済みの廃食油からバイオディーゼル燃料（ＢＤＦ）を作る超小型の精製装置を車に積み、３・11以後から被災地を走っている人がいる。自然との共生を訴えてきたフォトジャーナリスト・山田周生さんだ。

植物由来のＢＤＦは、化石燃料の軽油に代わる新しいエネルギー源として注目されている。やがて枯渇する石油とは違い、菜種油や大豆油、廃天ぷら油などを原料とするため、繰り返し得られるエネルギーだ。しかも、この利用によって大気中のCO_2を増加させることもなく、軽油仕様の車なら改造する必要もなく使える。

山田さんは、個人ができるエコエネルギー活用の可能性を広げる挑戦として２００７年12月に日本を出発。

北米、アフリカ（サハラ縦断）、ヨーロッパ、アジアと回り、各地で廃食油を集めて燃料を作りながら自力で地球一周を試みる「バイオディーゼル・アドベンチャー」を決行し、２００８年12月にゴールした。

2009年4月にはアースデイ東京で廃食油を集め、日本一周に出発した。だが、2011年に岩手県花巻市の農家に到着したところで大震災に遭い、宮城県東松島市まで広範囲の支援活動を始めた。

「有機農業の農家さんに食糧と宿を提供していただきながら、活動を続けています。商店街の豆腐屋さんから使用済み油を70リットルいただき、避難所へ食料や燃料、衣類、靴、下着などを届け、コンピュータやプリンタ、カメラなどを運びました。

私の車は満タンで440リットルまで積めるようになっていて、無給油で3000キロを走れます。リットルあたり7~10キロも走れるので、毎日300~400キロ走行しています」

震災翌日から停電になり、ガソリンスタンドも機能停止する中、山田さんは車に積んでいる発電機でパソコンの操作やケータイの充電もでき、家の照明もつけられた。ポンプを作動させて水をくみ上げることも可能だ。

「BDFの車を普及させれば、ライフライン復旧までの緊急用のエネルギーとしてすぐ使えて便利です。日本ではまだごく一部のバスやトラックでしかBDFの車が見られないので、ぜひ行政に導入してほしいですね」（山田さん）

有事のときこそ、自給自足できる人の強さを思い知る。環境を守ることは人の生き死にに直結するのだ。こうした考えは里山では昔から文化として引き継がれ、21世紀の今、見直されている。

65歳以上の高齢者が過半数を占め、共同体としての機能を失っているとされる限界集落を、ヒッチハイクや車で旅しながら現地の農家に寝泊まりし、その土地ならではの魅力を掘りおこしたのが、友廣裕一さんだ。

彼は2009年2月11日に東京を出発。6ヶ月間、約70ヶ所に及ぶ日本一周の旅を始めた。最初に訪れた富山県富山市土では、25年以上も有機無農薬・有畜循環型の農業をしている夫婦を見た。

「鶏やヤギに残飯や廃棄野菜を食べさせ、その糞を有機肥料にしていました。また、エネルギーも自給しようと、豊富な水資源を利用した小水力発電の実験的取り組みも始めていて、2009年の春からは電気自動車も導入するとか。これらは富山大学の研究室と共同で進めているそうで、ここにいると里山を宝物だと思わざるを得ません」（友廣さん）

次に訪れた滋賀県湖北町では、農家の生活を見た。

「自家製の米と大豆で味噌やソバなどを作っていました。昔ながらの竈《かま》の火で米を蒸し、麹菌をまぶしていました。自給用だけでなく、山椒味噌やソバの実雑炊、そば粉プリンなどの販売もして、敷地内にたくさんある素敵な建物も手作り。

この集落では、若い研修生を有給で受け入れて3年間農業と建築の現場で働かせ、家も食料も作れるようにするプロジェクトが行われていました。手間をかけて良いものを作ることが人を幸せにすると心から思わせてくれました。住むこと、食べることを自分でできれば、外部環境に依存しない自立した生活が送れる。この村にはそんな思想が隠れています」

福井県若狭町、富山県五箇山、新潟県南魚沼市などを歩くと、こんな話を聞いた。

「お金を得るために言いたいことが言えなかったり、自分の人生に筋を通せないことがある。お金は足りないくらいでも、自分が心から喜べる暮らしがしたかった」

友廣さんは、旅先からブログ「ムラアカリをゆく」を書いた。

たった一人の旅でも、その豊かな学びをより多くの人に発信すれば、世界を変える種をまけるのだ。

17 環境を守れる商品を選ぶ

好きなものを買うだけでできる寄付

自販機でジュースを買うと売上の一部が環境保護の活動団体に寄付されるという具合に、最近では好きなものを買うだけで社会貢献になる仕組みが増えている。

化粧品メーカーのコーセー（東京都中央区）では、「あなたが美しくなると、海も美しくなる」を合言葉に「雪肌精SAVE the BLUE®プロジェクト」を2009年から始めている。「雪肌精」の化粧水1本が買われるごとに、その底面積分のサンゴを植え付ける費用を沖縄の有限会社海の種へ寄付するというもの。海の種では、地球温暖化による海水温の急上昇などで30年前に比べて9割が死滅したといわれている沖縄のサンゴを、十数年前から人の手で海の底に移植して増やす活動に取り組んでいる。

初年度は7～8月の活動期間の後、沖縄の海の515万8912平方センチメートルにサンゴが植え付けられた。5センチほどの小さなサンゴをカゴでしっかりと覆い、外敵から守っている。対象商品として乳液を加えた2年目（2010年）のキャンペーンでは、1年前に植えたサンゴがすくすくと17センチほどに成長し、サンゴの森も678万9944平方センチメートルまで広がった。

２０１１年6月には２００９年に移植したサンゴが産卵。無数の卵は海流に乗って広がり、新たなサンゴの森を作っていった。海外5ヶ国もキャンペーンに参加し、サンゴの森は７８1万９１００平方センチメートルまで広がった。２０１２年には対象アイテムを増加。ウェブサイト上では１００のメッセージごとに1株のサンゴを移植する活動も実施した。また、プロジェクトを六つの国と地域（新たに中国・香港も参加）に広げ、各国がそれぞれ独自の自然保護の取り組みを始めた。海の種代表の金城浩二さんは、こうコメントしている。

「SAVE the BLUE®で植えたサンゴは順調に育って産卵し、魚も住み着き始めました。初めは小さな活動だったこのサンゴの植え付けは、今、関わった人が10万人を超えました。僕の子どもの代、孫の代にも自慢できる大きなサンゴ礁の海が残せます。僕らのように、世界にも、自分の国の自然が心配で仕方がない人がたぶんたくさんいる。僕は、本当にいろんな地域でこの活動が広がってくれたらと思います」

低燃費タイヤメーカーの住友ゴム工業株式会社（東京都江東区）は、同社商品であるDUNLOP エナセーブシリーズの売上の一部でマングローブの森を再生させるキャンペーンにて、２０１２年中に植樹本数１００万本相当を達成すると発表した。

この取り組みは「チーム・エナセーブ」と呼ばれ、２００９年3月から継続的に植樹を進めており、その蓄積が累計100万本となったのだ。現地の住民から感謝を伝える動画もキャンペーン・サイトにアップされ、同社はその趣旨をこう説明している。

「東南アジアのマングローブ林での主要構成種であるオオバヒルギやフタバナヒルギなどの種はCO_2削減効果が高いといわれ、陸上の植物が1ヘクタールあたり年間19トンのCO_2を吸収するのに対し、年間25トンものCO_2を吸収するといわれています。

また、マングローブは鳥や魚、貝やカニ、猿などの生き物たちに生きる場所を提供し、水際で複雑に絡み合う根は打ち寄せる波が陸地を浸食するのを防ぎ、台風や津波などの災害からその土地に暮らす人々を守る防波堤の役割を果たしています」

靴の卸売大手である東邦レマック（本社・東京都文京区）も、同社が扱うシューズやブーツ、サンダルなどの売上の中から1足につき20円を日本国内の植樹活動に寄付する「SHOEZOO」（シューズー）というブランドを2009年から立ち上げ、2012年12月末までに苗木で約2万8745本に相当する募金額を植樹団体に寄付している。

そのきっかけを、同社広報はこう説明した。

「靴の製造、コンテナ船、破棄された靴の焼却による大気汚染など、私たちの会社が扱っている靴も地球の負担になっているのは明らかです。そこで企業として何かできることはないかと真剣に話し合い、何か地球にお返ししたいという思いから、苗木の植樹活動への寄付を思いつきました。苗木の植樹1本の値段は約200円ですので、10足売れるごとにだいたい1本の苗木が植えられることになります」

寄付先は、ゴミと残土で埋め立てられた東京湾内の中央防波堤内側埋立地に苗木を植え、美しい森に生まれ変わらせる「海の森（Umi-no-Mori）」プロジェクト（東京都港湾局主催）。日比谷公園の約5・5倍という土地にスダジイ、タブノキなど48万本を植樹する計画だ。完成すれば海から都心に向かう風の道の起点になると同時に、CO_2を吸収して温暖化も防げる。この植樹会には同社の社員も参加している。

また、3・11後には、震災により被害を受けた海岸林再生に向けて活動している団体「いのちを守る森の防潮堤」（宮城県仙台市）にも寄付を始めている。

本業でもライスペーパーを詰めていた従来の梱包の代わりに1枚のシューズキーパーを入れることで紙の使用量を減らしたり、靴箱本体とフタを一体化させて紙の使用分を少なくするなど、紙を無駄遣いせず、環境になるだけ負荷をかけない工夫を採用している。

「SHOEZOO」には、「動物から与えられるような癒しを靴を通して届けたい」という思いも込められているという。紙の節約は森を守り、動物の生活圏も守るのだ。

このような寄付つき商品は現在、多数開発されている。だからといって、商品が消費者のニーズにマッチし、良質なものでなければ、売上は伸びない。

同様のことは、障がい者の仕事にもいえる。「所得の少ない障がい者が作った商品だから」と同情して買う人は少ない。

商品自体の良さに対してお金を出すところに対等な関係が築かれ、その関係から障がい者自身の働く誇りも生まれる。

環境には、社会環境も含まれる。社会環境は気持ちの良い人間関係によって快適になる。たとえば会社なら、社内外の人間とどれだけ対等な付き合いができるか。

毎日の仕事の積み重ねが、自分や自社のためだけでなく、顧客や顧客にならない人も含めた幸せになっているか。それを問い続けていく先に、誰もが今よりもっと快適に働けるための提案ができる。環境とは、今あなたがいるその場所のことなのだ。

2011年11月に東邦レマックの社員が家族連れで参加した植樹活動のようす

第3章

福 祉

「障がい」を作ってきたのは、社会的多数派の健常者である。障がい者には、彼らに固有の属性・能力・経験・文化がある。その価値に関心をもつことから、政治や行政がさじを投げた社会問題を解決できる突破口が見えてくる。

18

障がいは環境にある

少数派の当事者だからできるバリアフリー

障がい者の視点でバリアフリーのコンサルティング、ユニバーサルな接客技術の研修、障がいのある子ども向けの教育などを行うベンチャーが、大阪にある。

車椅子の利用者である垣内俊哉さんが社長を務める株式会社ミライロだ。

1989年生まれの垣内さんは、生まれつき骨が弱く折れやすい骨形成不全症という病気で、人生の5分の1を病院で過ごした。

高校を中退し、自分の足で歩けるように病院でリハビリを続けたが、歩けなかった。

「入院中は何度も死のうと思いました。そこで、どうせ生きるのなら障がいを忘れられるぐらい夢中になれるものを見つけようと、高認（高等学校卒業程度認定試験。旧・大検）を受けた後、立命館大学に進学しました」（垣内さん）

入学後、垣内さんは民野剛郎さん（現・ミライロ副社長）と知り合い、2009年5月にミライロの前身となる学生団体を立ち上げ、その団体で考案した事業アイデアが13のビジネスプランに入賞。賞金を元手に、翌年6月にミライロを立ち上げた。

彼らの顧客は、教育機関、ホテルや結婚式場、レジャー施設などだ。

「日本では65歳以上の高齢者が3000万人に近づいていて、これに障がい者の人口を合わせると全人口の3分の1。これほど多くの方がバリアフリーを必要としています。しかも、彼らにはそれぞれ家族や恋人、友人たちや介助者などがいて、共に行動します。バリアフリー化を進めれば、当事者だけでなく、その周囲の人たちも含めて多くの方のニーズを満たすことにつながるのです」（垣内さん）

同社は、ユニバーサル・スタジオ・ジャパンを運営している株式会社ユー・エス・ジェイのスタッフに接客技術の講習を行った。講習前には障がい者にパーク内をモニター調査してもらい、リアルな声を集めた。パチンコの株式会社マルハンには、2012年に開店した千葉北店の設計段階からコンサルティングを行い、フルフラットで楽々移動できるフロアを設計、車椅子のまま遊戯できる席を設けた。

「スタッフ向けにはユニバーサルな接客技術の研修をしました。障がいのあるお客様の誘導方法、着席時のサポート、車椅子の押し方などを学んでもらいました。常にお客様の目線に立って考える力を身につけるため、車椅子に乗ってもらい、アイマスクを付けたり、高齢者を疑似体験できるキットを着るシミュレーションも取り入れました」

一口にバリアフリーといっても、業種ごとに必要な知識は異なる。たとえば、結婚式場では、視覚障がいのある客にお皿の上の料理を案内する方法を指導した。

「目の見えないお客様にも、結婚式の華やかな料理を楽しんでいただくことはできるのです。結婚式場のスタッフの方々にとても驚かれました。これまでバリアフリー化が考えられていなかった業種にもどんどん進めていきたいです。

今はまだ行っていませんが、たとえば、風俗店。バリアフリー法の対象外で努力義務もないので、障がいのある人は安心して利用できません。また、障がい者のお金の使い先を増やし、彼らが自分でお金を稼ぐモチベーションの向上にもつなげたいので、レジャー施設や娯楽施設のバリアフリー化にはとくに力を入れています」

そこには課題もある。「バリアフリーはお金がかかる。難しい」と思われがちなことだ。

しかし、バリアフリーへの投資は、集客アップと新たな収益を生み出せる。

「JR高槻駅ではバリアフリー化によって年間で約2億円の経済効果が生まれました。バリアフリー化は経済活性化につながるのです。一方、お金のかからないバリアフリーもあります。立命館大学では教室の扉が重く開けづらかったのですが、扉の金具を替えていただき、従来より軽い力で開けられるようになりました。本当に必要な箇所を見極めれば、なるべくお金をかけず効果的なバリアフリー化ができるのです」

2006年のバリアフリー新法でバリアフリーは進んだ。だが、「法律や条例で定めたバリアフリーはあくまでも最低限度。当事者のことを考えていない〝なんちゃってバリアフリー〟が非常に多い」と、垣内さんは当事者にしか気づけない点を指摘する。

「駅にエレベータが新設されるなど、交通インフラには一定のバリアフリーが達成され、障がい者や高齢者は以前より外出しやすくなりました。でも、その外出先である宿泊施設やレジャー施設がバリアフリーではなく、妊婦の方、ベビーカー利用の親御さん、怪我をしている方なども移動に不安と困難を抱えています」

最近では、ホテルでもバリアフリー・ルームが増えている。

「50室以上あれば、バリアフリー・ルームを1室設ける必要が生まれたからです。でも、ステンレスの冷たい手すりや、ここまでするのかというぐらいにコテコテのデザイン。病室のような部屋も多い。私にとっては病院に戻された感覚になってしまい、嫌なので、ほとんど利用しません。ミライロでは、必要最低限の設備で内装は他の部屋と極力変わらないバリアフリー・ルームを推奨しています。また、東日本大震災では多くの高齢者や障がいのある方が逃げ切れずに亡くなりました。だからこそ〝命を守るためのバリアフリー〟という視点をいろいろな場所でどんどん導入していきたい」

ミライロの目標は、「車椅子を利用する方、視覚障がいのある方、さまざまな身体上の問題がある方、健常者、すべての人が暮らしやすいユニバーサルな環境を作ること」という。

「日本人の10人のうち9人は右利きなので、駅の改札の切符投入口は右にあります。それは大多数の人に合わせて作られているにすぎません。既存の環境や情報、サービスで困ってしまう人が生まれるのは、大多数の人向けに環境を作っているから。障がい者の障がいは本人がもっているものではなく、環境がもっているものなんです」

2013年2月末現在、ミライロには10名の社員がおり、このうち肢体不自由者が垣内社長を含めて3名働いている。

「障がい者の視点を生かし、誰もがハッピーになれるバリアフリーやUD（ユニバーサルデザイン）の提案をし続け、環境を変えていきます。私の父も足が不自由で、弟も車椅子の利用者。自分の病気は医者から遺伝といわれています。せめて自分の子どもが生きる時代には、いろんなところで遊べて学べて働ける社会にしたい」

ミライロは大学にもUDを進めている。大阪大学には、全3キャンパス内にある100ヶ所以上のサインの移設・張り替えのコンサルティングを行った。車椅子でキャンパス内を調査し、視認性・可読性・判読性の高いデザインおよび移設位置の適切化を指示した。

龍谷大学では、全キャンパスのバリアフリー情報を記載したバリアフリーマップを作製し、車椅子で移動できる経路を一目でわかるようにした。施設調査には学生に参加してもらい、大学内部からバリアフリーを浸透させる風土作りを目指した。

これらのマップはパンフレットとして印刷され、障がいのある学生はもちろん、大学を初めて訪れる地域の方々にも役立っている。大学の公式サイトにも掲載されているので、誰もが簡単に龍谷大学のバリアフリー状況を確認できる。

「大学在籍者のうち、障がい者の割合は0・3%。大学でさまざまな角度からバリアフリーとUDを進めることで、障がいのある学生たちが学びたい場所で学べる社会を作り、日本をUD先進国にしたい」

社会の中での少数派が被る不便や困難（＝障がい）は、多数派の便利しか考えない人たちが社会環境にもたらした。しかし、その障がいを押し付けられた当事者だからこそ現実を変えられる。それがミライロの価値なのだ。

みんなの夢 AWARD3 で入賞した垣内さん（中央）

19 当事者の価値を知る

社会的関心と仕事を生む商品化

精神障がい者の支援を行う東京都世田谷区の精神障害者共同作業所ハーモニーが、統合失調症などの患者たちの幻聴や妄想の実態を「かるた」にして販売している。

2008年10月に販売されると業界内の人気が高まり、2011年11月から医学書院が出版することになった。解説冊子とＤＶＤ『幻聴妄想かるたが生まれた場所』に加えて、女優の市原悦子さんによる『読み札音声』ＣＤが付録についた豪華版だ。精神障がいのある当事者が自分の幻聴や妄想の体験をかるたの読み札・絵札で表現し、解説冊子では自身の生育歴、治療やリハビリ施設への感想を率直に綴り、ＤＶＤにも出演している。

医療者には心理教育のツールとして退院支援のきっかけに、教育者には精神看護学実習の教材として、障がいのある当事者やその家族には幻聴妄想をどう話すか、どう聞くか、どう解決するかの参考になり、福祉作業所の運営者なら商品開発の参考に役立つ。

これは、社会の多数派から不便・不要・不具合として認知され、「障がい」として少数派にされてしまった当事者が、自分の資産として妄想や幻聴を「障がい」の価値として考え、面白がってもらうことから、社会とのつながりを取り戻す試みだ。

多数派にとっては「障がい」でも、当事者にとっては価値であり、資産になりうるという発想は、今日では世界中で多くの当事者たちが採用している。

北海道の浦河べてるの家では精神障がい者がオリジナルの歌を作り、インターネット通販で売っている。当事者でなければわからない独自の感覚や経験は、同じ病気をもつ者に「この人は自分のことをわかってくれる」と気づかせ、孤独から解放する。障がいを負うことは、それまで気づけなかった新たな価値を得るチャンスなのだ。

2002年、鈴鹿サーキットF1。長屋宏和さんは、その前座レースで大クラッシュし、頸椎損傷C6の怪我を負い、車椅子生活となった。だが、「いつも自分の好きな服を着たい」と考え、2005年5月、モードフィッターの母親が経営する株式会社アトリエロングハウス（東京都渋谷区）の新規事業部としてオリジナルブランド「PiroRacing」（ピロレーシング）を立ち上げた。長屋さんがアイデアを出し、アトリエロングハウスが形にする方法で、主におしゃれなチェアウォーカーファッション（車椅子の利用者向けの服。ユニバーサルファッション）の企画・制作・販売を始めたのだ。

「チェアウォーカーファッションの企画は、お客様が選んだ洋服を、お客様の要望、ピロレーシングとアトリエロングハウスのアイデアを組み合わせ、使いやすい商品を完成させます。

障がいによって個人差があるので、同じものを作るのではなく、一人一人に合わせたものを作ります。僕が使いながら試行錯誤して完成したアイテムも、ピロレーシングのオリジナル商品として販売を行います」

同社のジーンズは、チェアウォーカーが使いやすいようにお尻の部分の生地を縫い目の無い一枚布に工夫され、ファッション性にも優れるため、長時間座った姿勢でいたり、立ったりしゃがんだりの動作の多い健常者にもお薦めだ。

また、自走式・介助式ともに上からかぶるだけで突然の雨でも脱ぎ着が楽な車椅子用のレインコート・雨ポンチョは、北京とバンクーバーのパラリンピック日本代表の車椅子ユーザの選手全員に使用してもらった。他にも、車椅子上で脱ぎ着ができる新婦用のウエディングドレスも開発。ハーフオーダーやレンタルに応じている。

一方、先天的に病気をもった子どもなら、若いうちから自分にできることを自覚させ、親がいなくなっても一人で生きていける力を身につけておかないと、大人になる頃には就労が困難になるため、結婚や出産、子育てなどをあきらめざるを得なくなりがちだ。

埼玉県川口市の一般社団法人からふるでは、障がいのある子どもたちが将来好きなことで自活できるよう、仕事作りを行っている。からふるの代表・吉澤泉さんは、娘が脳性マヒだったことをきっかけに2007年から障がい児を対象としたお絵かきの会を結成、障がい児が将来自立できるようになるための支援活動を始めた。

社会に出ていく子どもたちの収入源の一つとして、２０１３年1月から「からふるキッズアート名刺」の販売を始めたのだ。子どもたちが描いた絵が載っている名刺だ。販売収益のうち、売上の約７％は同団体の障がい児支援活動に使われ、さらに約７％は描いた子どもに印税として提供される。この名刺が売れれば、絵を描いた障がい児の生きていく自信につながり、社会参加や働くことへの意識も高まる。

企業が公式名刺として採用すれば、ＣＳＲの活動を内外にアピールでき、社会貢献の意識が社員・取引先・顧客に伝わる。学生が購入すれば、就職活動やベンチャー立ち上げの際に相手に自分を強く印象付け、売り込むための強力なアイテムにもなる。

からふるでは、東大阪市のパッケージ会社である美販の制作協力を得て、名刺だけでなく、デザインを切り口に紙製品を中心とした商品・サービスの輪を広げていく予定だ。

正規の美術教育を受けていない人によって制作されたアートは「アートブリュッセル」（アウトサイダーアート）と呼ばれ、世界中で社会的な評価や注目度が高まってきた。

支援者が障がい者の価値に関心をもてば、一緒に商品やサービスを作れる。当事者は仕事を通じて社会の一員になれる。少数派を疎外してきた社会は当事者のもつ価値によって変わり、不便や不要を強いてきた世界も当事者自身が変えられるのだ。

20 固有の価値に気づく

自分の仕事を自分で作る障がい者たち

群馬県沼田市の実家で暮らす寿《ことぶき》志郎《しろう》さんは、大学4年生だった1991年、バイクの事故で首の骨を折り、頸椎損傷で首から下が完全に麻痺し、重度障がい者となった。24歳のときに病院でリハビリの先生から「口で筆をくわえて絵を描かないか」と勧められた。以来、20年以上もパソコンとマウススティックを駆使して描き続けている。

1998年にウェブサイトを作り、美少女イラストをアップすると、コナミのゲーム関係者が発見。仕事の依頼がメールで届いた。

「それがゲームキャラクターのイラスト発注があった最初の仕事でした。これを機に他社からもオファーが続き、2003年にはコナミのPlayStation®2ソフト『ランブルローズ』のキャラデザイン制作に参画することになったのです」（寿さん）

2010年3月26日から4月6日に群馬県庁・昭和庁舎で初の個展を開催。約80点を展示すると、1000人の観客を動員できた。翌年12月には、障がい者の自立支援を行う静岡県静岡市のNPOリボングラフィックスと協働し、障がい者向けにDVDつきのイラストテクニック本も制作。今後の夢は、「地道に地域に貢献すること」。

「産地直送品が売られている尾瀬市場を広報するために、同市場のウェブサイトや出版物、チラシにイラストを提供し、市場の一角にギャラリーを作って展示しています。スキー客などの若い観光客たちが足を止めてくれるんです。今後は尾瀬市場のオリジナルの萌えキャラを作りたい。魂を吹き込めるようなものを作りたい」

会社に雇われなければ、通勤・就労でとられる分だけ時間の余裕がある。

その時間は自分が好きなことの習熟に使えるし、自分を生かしてくれる周囲の人たちを思いやれる精神的な余裕も生まれるのだ。

愛知県東海市でウェブサイトや名刺を制作している合同会社仙拓は、2011年4月に社長の佐藤仙務《ひさむ》さんが19歳のときに友人と二人で立ち上げた会社だ（現在は株式会社仙拓に法人格を変更）。

佐藤さんは10万人に1人の難病といわれる脊髄性筋萎縮症で、共同経営者の松元拓也さんも同じ病の重度障がい者。筋肉がどんどん萎縮し、何をするにも介助が必要だ。

自力で立ち上がることも歩くこともできない。今日では、口が動く以外は、左手の親指が数ミリ、右手の親指が約1センチ動かせるだけ。

それでも、右手用と左手用のマウス操作と会話、顔の表情を駆使して営業や打ち合わせを行い、制作業務は松元さんが請け負っている。Skypeを利用し、自宅にいながら話す講演の依頼にも応じている。「寝たきり社長」を自称する佐藤さんはいう。

「僕のような病気の人は助けがなくては生活できない。会社に通勤することすらできない。だから能力はあっても企業に就職することをあきらめなければいけない。働くというふつうのことがなかなか手に入らないんです。それが納得いかなくて、同じ病気をもつ友人と相談しているうちに、それなら僕たち一緒に会社を作ろうかと」

彼らは地元メディアへアピールして知名度を上げ、次々と仕事を受注している。

2012年末、佐藤さんは初の著書『働く、ということ　十九歳で社長になった重度障がい者の物語』（彩図社）を執筆、出版した。

実家住まいなら、障がい者は年金でなんとか自分の食費や生活費は賄える。福祉作業所で働いても月収（工賃）は平均1万数千円だが、自営や起業を試みて自分がやりたい仕事を作れば、より高い収入を得られる可能性もある。生活の心配が少ない状況で仕事作りに挑戦できるとすれば、望ましい働き方ということができるだろう。

障がい者には独自の資産や経験、能力が豊かにあるのだ。

たとえば、視覚障がい者には夜になって暗くなった途端に明かりを探す不便はない。それどころか、彼らの触覚は健常者とは比較にならないほど繊細に発達している。

２００８年６月、ＮＰＯ法人ダイアログ・イン・ザ・ダーク・ジャパン（東京都）は、田中産業株式会社（愛媛県今治市）と協働し、健常者には作れない特別な肌触りの「DIALOG IN THE DARK TOWEL」（ダイアログ・イン・ザ・ダーク・タオル）を開発した。

この開発には目の見えない人たちの繊細な感性が生かされている。

電動車椅子の利用者は、場所によっては健常者が歩くより速く移動できる。

聴覚障がい者は、声の届かないうるさい場所や遠距離でも手話で意思疎通ができる。

生まれつきの難病や事故で障がいを負った子の場合「本人が望むならどんな夢でもやらせてあげたい」と応援されることが珍しくない。

それを見て、健常者は「うちの親もああだったら……」とため息をつくことさえある。

障がいは、強みになりうる当事者固有の価値だ。

そのことに多くの人が気づくとき、多数派が支配していた世界は大きく変わるだろう。

寿志郎さんの描いたイラストの一部

21 手話を公用語にする

ろう者と聴者の壁をなくす方法

公用語は日本語手話と書記日本語（筆談）で、スタッフ全員が手話のできるスープカフェ「Social Cafe Sign with Me」（サイン・ウィズ・ミー）が、2011年12月に東京・本郷に誕生した。都営大江戸線・東京メトロ丸ノ内線の本郷三丁目駅から徒歩5分のラーメン屋「安庵」の2階にある。客は大きな写真が並んだボードから指差しでメニューを選べるし、広々とした壁の上で筆談もできるため、手話ができなくても注文できる。

この店は、株式会社スープアンドイノベーション（長野県長野市）が2009年度から全国でフランチャイズを展開している外食事業「ベリーベリースープ」の一つ。手話を日常的に幅広く使用してもらおうと、既存店でも手話による接客を導入している。

店長の柳匡裕さんはろう者だが、「ろう者か聴者に関係なく共に交流や相談をし合う中で新しい考え方を生み出していくためのカフェ」という。

「店内では手話サークルや手話によるセミナーなど楽しい企画を考えています。誰でも講師登録ができ、さまざまな学びや交流の場に使えます。宣伝や集客のお手伝いもしますが、お見積もりは無料ですのでお気軽にご相談ください」

無線LAN環境で電源も完備。ろう者はもちろん、静かな場所で仕事や勉強がしたい聴者にも居心地がいい。だが、カフェの立ち上げには多くの苦労があったようだ。ろう者は手話による意思疎通を前提とするが、手話自体が固有の言語であるため、「日本人だから日本語が通じる」という常識が必ずしも成り立たないからだ。

柳さんは、障がい者が自尊心をもてる社会や、障がい者が「ありがとう」といわれる社会がどうすれば実現できるのかと悩み、開業までに至る経緯を『Sign with Me　店内は手話が公用語』（学研マーケティング）という本に書いた。

ろう者と聴者の間にある壁を取り払う動きは、さまざまな場所で始まっている。

手話と音楽でろう者と聴者を同時に楽しませる「こころおと」というバンドがある。代表の武井 FATMAN 誠さんは、CODA（ろう者の親をもつ聴者）として、「ろう者の言語である手話と健聴者の文化である音楽を結びつけられないか」と考え、1999年に大学内で手話ライブを試み、2000年に同バンドを結成した。

ろう者・CODA・聴者の混成メンバーで構成され、全身を使った振り付けのような手話を交えながらパワフルに歌う「デフボーカル」によるライブでは、歌詞をスクリーンに映しながら演奏する。ポップスからバラード、ロックまで幅広い音楽性を備え、オリジナル楽曲によるアルバムも発表、ライブ映像の一部はYouTubeで観られる。

ライブは東京を中心に名古屋や仙台、福島などでも行われ、NHKなどのテレビにも出演。最近では学生の間でコピーバンドも現れ、人気を博している。

「メンバーのデフボーカルにも元々は音楽が苦手な人もいたくらい。ですが、手話音楽にはそれを超えるパワーがある。いろんな楽器を演奏する際に放たれる演奏者のオーラ、演奏者の体の動き、指使い、音が発する際に伝わる空気の振動、会場で感じる言葉にできない熱気。そういうものも音楽のもつパワーの一つ。こころおとのライブは手話や音楽の概念を越えたところにあります。手話に注目するもよし、音楽を聞くもよし、演奏プレイに見惚れるもよし。自由に体を動かして楽しんでください」（公式サイトより）

一方、NPO法人日本聴覚障害者エンターテイメントサポート（東京都中央区）では、手話の普及活動とともにろう者と聴者が交流するプロレス団体「HERO」を運営している。

同団体の代表理事・佐藤剛由さんはいう。

「私の家族は全員1級の聴覚障がい者であり、私だけが健聴者として生まれてきました。聴覚障がい者と健聴者とでは伝えたいことが正確に伝わらないということが多く、私自身も両者の間に立ち、何度も何度も悔しい気持ちを味わってきました。

どうやったら聴覚障がい者と健聴者がお互いを理解し合えるのか。悩んだ結果、HERO

というイベントを立ち上げました。目で楽しむイベントであれば、聴覚障がい者と健聴者との間に立ちはだかる壁もなくせるのではないか。一部の障がい者は健聴者に自ら敵対心をもったり、壁を作ったりしがち。その壁をＨＥＲＯというイベントで壊したい」

２０１０年２月に東京・新木場1stRINGで旗揚げすると、３７０人もの観客が集まった。翌年８月にシアター１０１０《センジュ》で開催した第４弾のＨＥＲＯは聾被災者救援チャリティーイベントとした。この回は満員。チャリティー収益で東日本大震災聴覚障害者救援中央本部に湯たんぽ数十個を一部の選手・スタッフらで運ぶことができた。

だが、会場費など開催する経費が高額なために赤字が続いて財政難に陥り、６回目を最後に休止状態になった。そこで７回目の運営費を集めようとクラウドファンディングサイトで資金調達を試みると、目標の35万円を達成。２０１３年２月16日に新木場1stRINGで開催できた。ＨＥＲＯがきっかけで聴覚障がい者のことを知り、手話に興味をもち始め、交流会などに積極的に参加する人が増えてきているという。

ＨＥＲＯでは選手の発掘・育成も行っている。練習に多く参加できれば、聴者かろう者かは不問。ふだんリング上で闘っている選手から監督・指導を受けて本格的に練習を行い、勉強会としてプロの団体の試合観戦や有名選手との交流会も開催。月謝や入会費もない。

ろう者と聴者が互いに学び合う文化が、日本に根づき始めている。

22

同じ苦しみを分かち合う

体への関心が精神病でも幸せになれる早道

大阪府高槻市に精神障がい者たちのフットサルクラブ「ゴッデス高槻」がある。新阿武山病院のデイケア室に事務局を置くＷＥＡＲＥ（高槻精神障害者スポーツクラブ）では、週１回バレーボールの練習を患者と一緒に行っていた。その経験から、サッカー好きの病院長と看護師が「フットサルは専用シューズが不要。女性でも気軽に参加できる」と２００６年４月に発足させたクラブだ。

２００７年11月、ガンバ大阪の協力を得てＷＥＡＲＥ主催の「スカンビオカップ」が開催された。これが、精神障がい者が参加できる日本初の競技フットサル大会といわれる（２００８年からは毎年ガンバ大阪が主催）。

ガンバ大阪は精神障がい者向けのサッカー教室「Ｇスカンビオアカデミア」を開催。20代半ばから40代までの男女が月１回の練習に励んでいるゴッデス高槻の選手は、ガンバユースのコーチ陣の指導を受け、メキメキと上達しているそうだ。

選手たちは、２０１１年３月に toto くじの助成金と個人負担でイタリアに滞在。患者６

人＋医療スタッフ2人の8人制の試合で準優勝の結果を残した。

彼らは障がい者対象の大会だけではなく、一般の大会にも出場している。WEAREの代表で2011年までゴッデス高槻の監督を務めた看護師の真庭大典さんはいう。

「メンバーの薬の量は減り、回復していく傾向が見られます。おかげで初期メンバーは就労や進学などで地域に復帰していったため、今はほとんどいません。

ピッチでは治療者と患者というより仲間という感覚なので、勝って選手たちに胴上げされたときは、本当にうれしかったです。人に感謝できる余裕やチーム全体を考える余裕が生まれ、他のメンバーに気遣いもできるようになったのですから」

2012年10月、第5回ガンバ大阪スカンビオカップが大阪で開催されると、北海道・千葉・埼玉・京都・奈良・兵庫・愛媛・福岡など各地から史上最多の19チームが出場した。

同様の大会には横浜FCホームタウンプロジェクトによって運営される「横浜FCヨコハマぽるとカップ」もあり、同年12月に4度目の大会が開催された。

障がい者スポーツといえばパラリンピックが有名だが、これは主に身体障がい・視覚障がい・知的障がいがある選手が対象。精神障がい者は参加できない。

日本では、日本精神保健福祉連盟が2001年に仙台で第1回全国精神障害者バレーボール大会を開催している（翌年に「全国精神障害者スポーツ大会」と改称）。

国体終了後に開催県で行われる障がい者スポーツの全国的な祭典である全国障害者スポーツ大会（主催・厚生労働省、財団法人日本障害者スポーツ協会、開催地）では、2013年の第13回大会に正式競技として精神障がい者によるバレーボールとオープン競技として精神障がい者フットサルが認められた。

とはいえ、身体障がいなどの他の障がい者が早くからスポーツに親しみ、周囲から競技への参加を応援され、社会参加や自尊心の回復を実現し、QOL（quality of life）を向上させてきた歴史を思うと、精神障がい者だけが疎外されてきた印象はぬぐえない。

客観的に勝ち負けをはっきりさせる判定事情を考えると、選手各自の障がいの度合いがわかりにくい精神障がいには参加資格の公平性を保つ上で困難はあったろう。

外見で困難を理解されやすい他の障がいと比べて、精神障がいはそれと悟られにくい。そのため、身内に精神障がい者がいることを隠したがる家族や友人、関係者などは、当事者が顔と名前を公表する競技への参加を快く応援できなかった。

それだけ長い間、精神障がい者に対する差別と偏見がこの国にあったのだ。

だから、日本では精神障がい者による競技大会は公式には十数年ほどの歴史しかない。

この間に精神医療の業界は、長期入院という治療方針から地域社会の中で生活しながらQOLを高める方針へ変わった。病院ではリハビリ程度にしかさせなかったスポーツを、患者を管理できない地域に出す際に社会参加を促す手段として重要視したのだ。ここには医者が患者から判断の主体性を奪ってきた一面がうかがえる。

「あなたは病気だ」と断じる専門家の権力を前に、素人の患者は自分の判断で動けない。

だが、病気かどうかの前に、何を幸せと考えるかを決める権利は誰にでもある。医者は謙虚にスポーツによる治療効果を解明し、薬による体への負担をなるだけ減らし、より早く患者を社会へ戻せるよう、看護や福祉の人材と対等に連携すべきだ。

この十数年の間に世界ではホームレスによるワールドカップが試みられ、日本でもドッグレッグスに続く障害者プロレス団体ＯＤＡＺＵＮＡ《おだづなー》が仙台に生まれた。

障がい者たちは社会の中に自分の生きたい場所を自分で作ってきたのだ。

ひきこもり生活で全身を自傷していた東京在住の遠藤一《はじめ》さんは、空手道場に通いつめた。黒帯を取る頃には自傷癖を克服。２００７年から、ひきこもり当事者からの依頼で出張して共に汗を流す「レンタル空手家」という事業を始めた。

２００８年からは2人一組で遅いほうに合わせて走って同時にゴールする「1for1 皇居マラソン」が毎年1月に開催。全国から精神障がいやひきこもりの当事者が集まり、仲間ができたり、仕事に復帰できた者もいる。たとえ30分でも苦しみを一緒に耐え、伴走し合ったという確かな関係と事実が生まれる。幸せになれるチャンスは、医療の他にも作り出せるのだ。

23 おしゃれにする

どんなものでもステキに変えるデザインの力

車椅子は「障がい者や高齢者のような社会的弱者の乗り物」というイメージが根強く、どれも機能性や安全性に特化した似たような形で、楽しそうな印象を与えない。

それなら、健常者でも思わず「乗りたい」と感じるようなおしゃれな乗り物を作ろう。

そんな発想で考案されたのが、「WHILL」（ウィル）だ。作ったのは、日産デザイン本部を経て２００９年から社会および企業の問題解決に取り組む会社 Smile Park のデザイナーとして活動していた杉江理さんを中心に、エンジニア、デザイナー、マーケターなどのプロ十数名が２０１０年7月に結成した「Team WHILL」である。

時速20キロメートルまで走行でき、１００メートル先のコンビニに行くことさえあきらめてしまう車椅子ユーザにとって外出が以前より楽しくなるような乗り物を目指し、神奈川県総合リハビリテーションセンター、J-Workout 株式会社などと連携して開発を進めた。

２０１１年11月の東京モーターショーで試作機モデルを発表すると、「免許を返納してから外に気軽に出なくなった」という高齢者の言葉に出会い、彼らでも気軽に乗れるデザインに改善。電動車椅子やシニアカー、自転車にとって代わる乗り物を作った。

それが「WHILL type A」。今後、公式サイトで予約販売などの情報が発表される。

約3キロメートル圏内なら、飛行機の操縦桿のようにハンドルを行きたい方向へ傾けるだけで誰にでも簡単に運転できる。電動車椅子・シニアカーに分類されるため、歩道を走れる。

このようにデザインを変えることで障がいのあるなしに関係なく同じ行為を楽しめるボーダレスな社会を作る動きは、続々と増えている。

車椅子ユーザだと、結婚式を挙げたくても会場を使わせてもらえない。他方、バリアフリー対策が十分にできるなら車椅子ユーザにも利用してほしいと考える式場は少なくない。

そこで、東京都港区の株式会社dow-corporation（どうコーポレーション）は、両者のニーズを満たした結婚式を提案するため、表参道のアイビーホールと協働。「バリアフリー・ウエディング」の模擬挙式を、2012年2月に開催した。

車椅子に座ったまま容易に着脱できる純白の「エプロン式ウエディングドレス」を身にまとい、王冠が施されたおしゃれな白い車椅子に乗って行うもので、車椅子で参加する結婚式に関する相談にも応じた。

同社の代表取締役・才野美和子さんは、教会内で挙式の流れをサポートしたり、新婦のドレスをケアする仕事をしてきた。

高齢の参列者の方が病院で見かける味気ない車椅子を式場のスタッフから用意され、「せっかくおしゃれしてきたのに現実に引き戻されてしまう」空気を残念に感じた。そして、同社を立ち上げ、「女性らしいデザインのオリジナルの車椅子」の開発を手がけてきた。

「バリアフリーを意識しているという式場でも、館内の段差を減らすなどハードは配慮しても、車椅子ユーザの新郎新婦がお披露目前に参列者の目につかないように移動する際の動線はバリアフリー化されていないことが多いのです。式場では障がい者の結婚式に携わる経験が少なく、大手の式場でも10年間で2、3件程度。でも、弊社の試算では車椅子ユーザで結婚適齢期の方は全国に7万人もいるのです」

成人式や葬式など冠婚葬祭の会場では、車椅子ユーザは常に居心地の悪さを感じている。そこに関心を向けないと、高齢化が進む今日、大きく稼げる機会を損失してしまう。

だから、デザインの力で従来品に対する不便や不安、不満を解消する動きは、ハンデのある人を顧客とする業界では広く試みられている。

たとえば、聴力が弱い人の中には、「老人みたいでいや」「形が機能優先でかっこ悪い」と補聴器をつけるのをためらう人は少なくない。そこで、最近ではおしゃれなデコレーションを施した補聴器の普及を進めている会社もある。株式会社あいち補聴器センター（愛知県岡崎市）の店長で、「スマイル補聴器の会」の代表・天野慎介さんはいう。

「携帯電話と同じように補聴器もキラキラにできます。また小さな子どもさんにもわかりやすい立体的な3Dデコでハートやお花、男の子なら自分の好きなチームのロゴや選手の背番号をつけることも」

顧客からは、「デコの効果で自分がプラス思考になれるだけでなく、健聴である2歳の娘にも影響は大きい」と好評。2012年には岡崎ビジネス大賞で地域活性化推奨賞を受賞し、次のように評された。

「補聴器本体に光り輝く色の石をきれいに敷き詰め、デコレーションした。これにより、おしゃれでかっこいい補聴器として装用意欲が向上するとともに、抵抗なく使えることで聞こえが改善され、前向きで豊かな生活の向上につなげることができる。補聴器のイメージを変え、使う方もまわりの方も笑顔になれる」

デザインには、人を自由にし、気持ちを一新させ、世界を変える力があるのだ。

WHILLの乗車イメージ図

24

アートの力を借りる

マスメディアが報じないところにある価値

広島にお住まいの佐々木千津子さんは、生後1週間で脳性マヒになった。20歳の頃、コバルト照射による不妊手術を強制的に受けさせられた。自分の障がいを理由に姉の縁談が壊れたことで家に居づらくなった彼女は、施設に入ろうと考えたが、「そのためには月経の始末ができなければいけない」といわれ、「始末」のための手術が不妊手術だと知らないまま受けることになったのだ。

日本では、わかっているだけで1万6500人以上の障がい者・ハンセン病の患者などが、1996年まであった優生保護法によって不妊手術を強制されたといわれている。

この問題の解明に向かって活動する佐々木さんの姿は、2004年制作の短編ドキュメンタリー『忘れてほしゅうない　隠されてきた強制不妊手術』に映し出された。

制作スタッフの一人、下之坊修子さんは、その後も撮影を続け、2010年に長編映画『ここにおるんじゃけぇ』を監督。施設での生活に満足できず、障がい者を支援する団体「広島青い芝の会」に出会い、自立していく佐々木さんの元気な姿を記録した。

60歳を超えた佐々木さんは今、後遺症に悩み、24時間介護を受けながらも、ネコと一緒に自立生活をしている。髪をショッキングピンクに染め、ジーパンをはき、球場へ通う。2012年、この映画はあいち国際女性映画祭に正式招待され、会場は満席になった。映画や演劇、音楽などアートの価値の一つは、テレビや新聞が十分に報道しない問題を伝えることにあるのだ。

河合由美子さんは19歳から32歳までひきこもり生活を続け、アルコール依存症・薬物依存症・摂食障害を患い、2001年に大量服薬で自殺を図った。だが、精神科病院に強制入院の後、2003年に映画監督の原一男さんに出会い、映画『私をみつめて』に出演。2004年から釜ヶ崎で出会った男性とともにスラムに暮らす人々を撮影し始め、8年をかけて釜ヶ崎初の記録映画『わたしの釜ヶ崎　日本最大のスラムドヤ街をゆく』を完成させた。

長い制作期間中に、出演者のホームレスたちはほぼ全員亡くなってしまった。

その中の一人である男性は、河合監督にこんな言葉を遺している。

「泣きたいときは泣き、怒るときは怒り、笑いたいときは笑い、そういう日々を送ってほしい。世間に負けるな。君は強く生きられる人だから」

釜ヶ崎の真実の姿を伝えると同時に、路上でしか生きられないホームレスたちとの出会いを通して、自殺未遂まで追いつめられた監督自身が生まれ変わっていった。人に惚れ、惚れた人に惚れられ、両者の間に培われた価値をアート作品によって広めれば、誰も知らなかった現実がみんなの関心事になる。

東日本大震災による原発事故で避難を強制された福島の区域内では、教職員たちは自身も被災者でありながら教育現場から逃げることが許されなかった。

福島県教育委員会は、原発の影響で休校中の学校の教職員に兼務発令を出し、現任校に在籍しながら児童・生徒が転校した先に勤務するという態勢をとったのだ。

その結果、ちりぢりになった自分の子どもたちとの関わりは思うようにできなくなり、避難先から兼務校への遠距離通勤を強いられる教職員も続出したという。

映画『私たちは忘れない 福島避難区域の教師たち』は、教職員のとまどいと現実をありのままに記録したドキュメンタリーだ。制作した湯本雅典さんはいう。

「1万5000人もの小中高生が県外に避難し、避難区域のすべての学校が休校になりながら、現場に張り付いて働き続けている教育労働者の現実はほとんど報道されていません。しかし、ここに原発、震災のもたらした被害の重要な一端があるのでは?

福島の学校が本来あるべき姿に再生するためには、彼ら被災した教職員たちが人間らしい生活を取り戻すことが不可欠。この作品が、その方途を探るきっかけになれば」

福島でおこった問題は、原発のある国に住むすべての人にとって今後ふりかかってくるかもしれない「みんなの問題」だ。

それを伝えれば、作品を作る時間やお金、ノウハウが制作者になくても、周囲のさまざまな人が作品制作を手伝ってくれる。

映画なら上映会やＤＶＤ販売、インターネット上の動画共有サイトなど、多くの人に観てもらえるチャンスは多い。

金儲けを目的にせず公益に資する活動をしているなら、映像制作の会社や学校、学生に活動の成果の映画化や上映会を相談してみるといい。

優秀なアーティストほど、自分の創作意欲を刺激する出会いを求めているのだから。

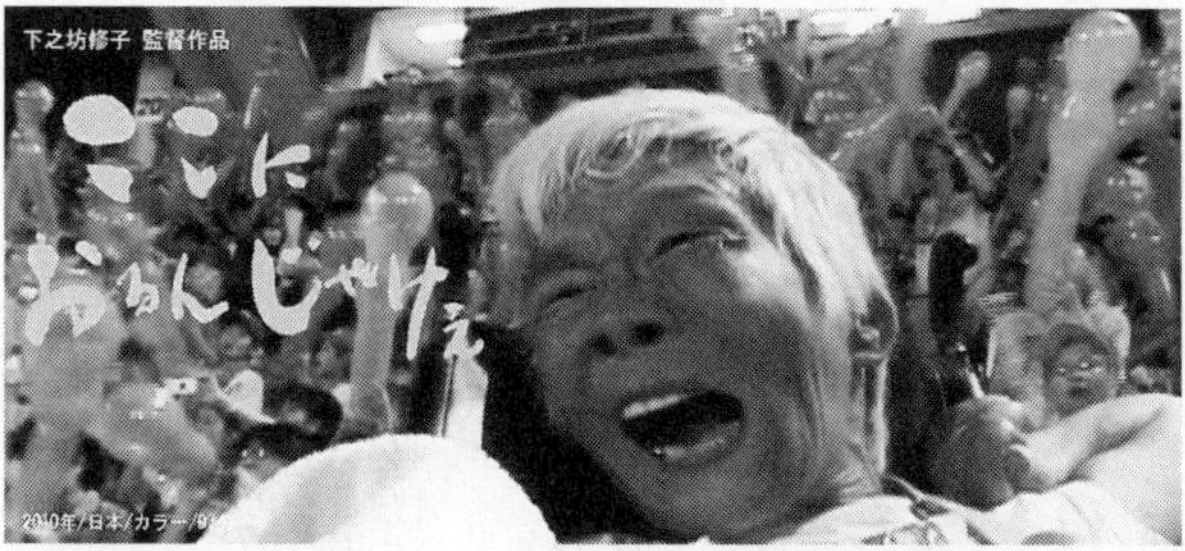

『ここにおるんじゃけぇ』のワンシーン　Ⓒ映像発信てれれ

25

役割を作り出す

当事者の価値から生み出せる仕事

神戸市在住の家具デザイナー・村上史博さんと丸井康司さんは、デザインの力で高齢者の孤独死を解決したいと考え、団体「patch-work」（パッチワーク）を２０１１年12月に結成。翌年７月から活動を始めた。

阪神・淡路大震災に見舞われた兵庫県では、復興住宅での独居死者数が２０００年１月からの12年間で７１７人に上り、そのうち65歳以上は５５９人で、約78％も占めているという。

そこで高齢者と若者を自然につなぐ仕組みを作りたいと考えた。

「patch-work」は当初、高砂市で活動するＮＰＯ法人アートクルー堀川が主催し、革職人、陶芸家、書道家などのアーティストを集めたイベントに招かれ、「ハギRE→スマイルプロジェクト」を行った。衣類の端切れや捨てたいけど捨てられない思い出の服やハンカチなどを持参してもらい、弁当袋や筆入れなどに作り変えた。

パッチワークは若者にはなじみがないが、高齢者にはなじみの趣味。そこで若い人にパッチワークの面白みを知ってもらう必要があったのだ。これを機に10数名を対象にした同様のワークショップを月1回独自に開催。2013年1月末までにのべ70名が参加した。

「今後はおばあちゃんが作ったものを若者が買う仕組みを作りたい。若者に受けるデザインを僕らが施したパッチワーク・キットを、子どもや孫のために作りたいおばあちゃんや幼稚園や小学生の子どもがいるお母さん向けに販売し、それを使ってパッチワークをおばあちゃんが教える教室を作り、若者たちが通えるようにしたい」（村上さん）

おばあちゃんの人物像を見える化し、製作するおばあちゃんを選んでパッチワーク商品を購入できるウェブサービスを事業化する予定だ。

「兵庫県西脇市の特産である播州織は、日本の綿100%シャツのシェア7割を占めています。織物は日本で製作して生地にしていますが、その生地を使ったシャツは中国で生産されるので中国製になり、播州織としては表に出ません。高級ブランドやセレクトショップでも扱われているのに、播州織の存在は認知されていないのです。

播州織のブランドを高めたい。播州そろばんの珠や淡路島の漁師さんが使用していた大漁旗などを使った新商品も作って地産地消の仕組みにしたい。それを京都や倉敷などでもできるようにし、その土地の特産織物を残したい。1年後にはこれを本業にしていく」

全人口に占めるお年寄りの数は増えているが、個別に見れば、高齢者だからといって多数派とは限らない。長年一緒に生きてきた配偶者や仲間を失い、孤独を抱えるマイノリティ

（少数派）になってしまう人が出てくる。私たちは誰でもいつかは自分がマイノリティになってしまう切実さに気づく必要があるのだ。マイノリティ問題とは、あなたがどんなに孤独や不便、不安を抱えても、社会の多数派から関心外にされ、誰も振り向いてくれないことで解決が放置され、延々と苦しみ続けることを意味する。

そんな社会に対して、当事者がガマンを続けていても生きづらいだけ。だから、そんな社会を少しでも生きやすいものに変えられるように当事者たちは連帯と努力を続け、歴史を変えてきた。彼らの一部に、セクシュアルマイノリティがある。レズビアン、ゲイ、バイセクシュアル、トランスジェンダーの頭文字をとって「ＬＧＢＴ」と称される。

同性愛者の婚姻は、日本では法的には認められていない。だが、現実には同性のパートナーと同居し、事実婚をしているカップルは少なからず存在する。

結婚式を挙げようとすれば、同性愛者であることを他人に告白する必要が出てくる。だが、否定的な反応を示される恐れもある。式場やプランナーに相談したくても奇異に思われやしないかと不安も大きい。だから両方の家族に真実を隠し続けたり、仕方なく記念写真を撮影するだけで済ませるカップルもいた。

また、日本の婚姻制度が同性カップルを対象としていないために、養子縁組や相続、制度外の嫡出子、賃貸物件の入居、保険など多くの法的な問題もある。

なのに、これらの問題に関する相談や支援の公共サービスは充実していない。

東京の任意団体Letibee（レティビー）では、婚姻を認められないカップルを含むすべての人を対象としたウエディングプランニングとライフプランニングの事業を2013年2月から始めた。Letibeeは慶應義塾大学に通う同性愛者、外山雄太さんと林康紀さん、同大学でプレゼンテーションの講師を務める樋栄ひかるさんの3人で結成。

2012年からイベントで事業をプレゼンし、LGBTによるパレード「save the Pride」やジェンダー法学会などに参加したり、活動家やドラァグクイーンへインタビューし、現状を把握して当事者ニーズを拾い集め、社会に溶け込める形での挙式と人生設計の可能性を探ってきた。

「ストレートの人もセクシュアルマイノリティの人も同様にパートナーを選び、生涯を共にする権利があるはず。制度を知らず、パートナーを亡くした際に貯金全額と引き払った家の半額を遺族に支払った同性愛者の方さえいます。私たちはそんな事例を減らし、セクシュアルマイノリティの人たちのパートナーシップやセクシュアリティが社会に受け入れられることを願って、事業をスタートさせました」（外山さん）

Letibeeでは同性婚に寛容な式場、写真家、メイクなどを手配。カップルが何の心配も恐怖も感じることなく、彼らの望む結婚式をそのまま実現する。また、カップルが法的保障を受けられるようにライフプランニングを行い、必要と思われる選択肢を提示。LGBT問題に関心の高い法律事務所を紹介し、安心して過ごせるようにするという。

　殺処分や生体実験などに苦しむ動物もマイノリティ問題に含まれる。ただ、捨て犬でさえ訓練を施せばセラピードッグの役割を与えられて殺処分を免れるが、人間の場合、社会の多数派によって「ふつうの人」にさせる支援が支配的だ。ロンドンには「アン・シーン・ツアー」という元ホームレスが路上生活を案内するツアーガイドの仕事がある。「ふつうの人」にさせるだけでなく、その人がその人のままで可能な仕事や役割を作るという発想から、誰もが生きやすくなる世界は生み出せるのだ。

Letibeeの公式サイトにある結婚式のイメージ写真

第4章

途上国支援

深刻な問題は、世界中に満ちあふれている。それでも、私たちは「問題解決が進む商品」を選ぶことができる。消費者の力は、選挙における投票よりも確実に現実を変えられるのだ。若い世代は、もうそれに気づいている。

26

SNSを活用する
全国から1万冊の本を集めた高校生

30代前半でマイクロソフトの要職につき、年収5000万円を稼いでいたジョン・ウッドは、35歳のとき、休暇をとって訪れたネパールの学校で信じられない現実を見た。35人用の教室に70人の生徒が詰め込まれ、図書室の本はわずか数冊。途上国では教育環境が整っておらず、本も満足に読めない子どもが少なくないのだ。

そこで彼は2000年に「子どもの教育が世界を変える」をモットーにしたNGOルーム・トゥ・リード（以下、RtR）を立ち上げ、2015年までに1000万人の子どもに教育の機会を提供することを目標に、世界中から資金を調達し始めた。

「世界には文字の読み書きができない非識字人口が7億9300万人。薬箱に書かれている説明を理解することも、履歴書や選挙の投票用紙に記入もできない。読み書きのできない人のうち3分の2は女性、90％は開発途上国に住んでいます」

ルーム・トゥ・リード・ジャパンの公式サイトには、そう書かれている。同サイトでは、彼らの活動による成果が4半期ごとに報告されている。

2013年3月末までにRtRが世界中で新設した学校は1677校、図書館や図書室は1万5119室、現地語で出版した本は874タイトル、子どもたちに配布した児童書は1338万1981冊、教育支援プログラムを施した女子は2万1582名、教育機会を得た子どもは780万名に上る。

ジョンが書いた世界的ベストセラー『マイクロソフトでは出会えなかった天職　僕はこうして社会起業家になった』（原題 Leaving Microsoft to Change the World）を読んで、RtRの活動に共感する人も増えている。

東京在住のアメリカ人でRtRボランティアサポーターの一人、ゲイリー・ブレーマンは、2009年2月から「ビアーズ・フォー・ブックス」（B4B）というチャリティーイベントを開催している。

飲み物1杯分の料金のうち100円がお店からRtRに寄付される。100円は現地語の本1冊分に相当する。仲間と楽しく飲むだけで本を贈れる。ゲイリーはB4Bを「三方良しのイベント」という。

「この100円は店が寄付するが、店にとってはふだんより多くの集客が期待できるし、新規の顧客開拓というメリットがある。店の従業員たちも楽しく働けて、仕事への誇りにもつながる」（CANPANセンターのウェブサイトでのインタビューより）

Ｂ４Ｂのようなシンプルな仕組みで子どもたちを支援できることに共感した人たちは、自発的にＲｔＲへの寄付を始めるようになった。同年8月、ＮＰＯ法人ＣＡＮＰＡＮセンターが六本木のレストランでＢ４Ｂを開催すると、約２００名を動員した。２３９杯分も集められた資金は、途上国で現地のイラストレーター、ライターによって現地語で書かれた子ども向け図書の制作費になる。１冊あたりの制作費は約１００円なので、１杯飲むだけで1冊をプレゼントした計算だ。

同年6月、フジテレビ系の番組『奇跡体験！アンビリバボー』で紹介されたジョンの活躍を一人の高校生が観ていた。当時、富山県立富山中部高校3年生だった渡辺慎之介君だ。

彼は12月に仲間を誘ってカフェなど県内14ヶ所に古本の寄付箱を設置。生徒会にも協力をとりつけ、地元メディアからも取材を呼び込み、ブログや YouTube でも本の寄付を呼びかけた。集めた本を定価の10％で販売し、収益をＲｔＲに寄付しようと考えた。

すると、全国から1万５０００冊を超える本が集まった。翌２０１０年3月27〜28日に富山市民プラザで古本市を行うと2日間で１０００名以上の市民が集まり、収益は47万４８２2円に上った。ルーム・トゥ・リード・ジャパン事務局の代表・松丸佳穂氏は、「ネパールに図書室1室を設立させていただきました」という。

大量の本を短期間に集めることができた一因は、当時流行していたＳＮＳの mixi を存分に活用したことにある。彼が本の寄付を呼びかけていた頃、同じmixi上である会社が新刊本の大量廃棄に迫られていることを訴えていた。

この二つの事実を知った筆者は、渡辺君にその事実と会社の連絡先を伝えた。すると、その会社は5000冊以上の本を彼に送ったのだ。インターネット上には、出会えば互いに得になる二者を公益のために結びつける人が増えている。

『社会貢献でメシを食う。』（ダイヤモンド社）の著者でCSRコンサルタントの竹井善昭氏はいう。

「RtRがボランティアサポーターとともに2012年に東京都内で行った富裕層向けのチャリティーガラでは、日本で初めて1億円以上を一晩で調達できました。日本はようやくRtRの1日における寄付総額で世界規模の金額を記録したのです」

大量の本を寄付された高校3年生当時の渡辺慎之介君

27 地元の人の協力を得る
飲食店の水を募金に変えた女子高生

神戸市灘区の中高一貫の私立女子高・松蔭高校では、「女子高生が社会を変える」というキャッチフレーズを掲げ、進路指導の一環として生徒が社会問題の解決活動に取り組んでいる。それが2000年から実践してきた「チャレンジプログラム」だ。

社会・地域に積極的に関わり、多方面にわたる見えない価値にも数多く気づき、将来責任ある市民として多様な人生を切り開いていくためのこの取り組みは、経産省からキャリア教育先進事例に指定された。

同校の公式サイトでは、こう説明されている。

「私たちはライフデザインを考えるとき、つい経済的価値（見える価値）と結びついた職業生活だけを見ようとします。しかし、介護・奉仕・地域・芸術・エコ・国際等に向かっても、個性や能力を発揮して夢や志を実現していくことは、人生を豊かに生きていく上で欠かせないはずです。チャレンジプログラムは、そのような多様な価値観に長期にわたって主体的に触れつつ、多様な人生を切り開いていくための『気づきの種蒔き』を目指しています。それが数日単位で行われる単なる職業体験とは全く違う」

10年続いたこの「チャレンジプログラム」は、その後「チャレンジ・ソーシャルデザイン・プロジェクト」（愛称チャレプロ）と改称されたが、二つの分野に分かれている。

一つは、今地球でおこっているさまざまな問題と、それが自分たちと関係していることを学んだ後、人にも自然にもやさしい世界を取り戻すために、課題解決に貢献できる身近なアクションを自分たちで考え、社会に出て行って啓発活動をしつつ、社会をプロデュースしていく「ブルーアース・プロジェクト」。

このプロジェクトの一つ「ＴＡＰキャラバン隊」（２０１０年）では、まず世界では１日に３８００人の子どもが汚れた水によって亡くなっている現実を学んだ。

そこで解決策を考え、日本のレストランが当たり前のようにいつも無料で出しているコップ１杯の水に対して１００円の寄付を集め、アフリカに井戸とトイレを贈るというユニセフの活動に共感。１ヶ月間で関西圏の３００店以上に働きかけると、続々と参加店が増えた。

もう一つは「レッドライフ・プロジェクト」。その中の一つ、「ソーシャルビジネスキャラバン隊」では、良い商品を作って障がい者に雇用と働く誇りを生み出している「プロップステーション」を率いる竹中ナミさんの話を聞いた。

その後、彼女たちは企業の方の指導を受けながら新商品の箸袋を開発し、試作品を作ってはプロの厳しいチェックを通し、神戸阪急百貨店で販売した。

「チャレプロ」では、まず生徒が社会問題を学び、何を解決するためにどう動くのかという課題が具体的に設定され、解決のための活動内容を企画し、校外のさまざまな人材に接触して協力を仰ぎ、活動後は成果報告会まで行う。

「チャレプロ」が素晴らしいのは、活動を通じて自分の社会的価値に敏感になるため、その後のキャリアにおいても人の役に立つ働き方を意識できるようになる点だ。

「社会や地球規模の課題を見つけ、その課題解決への身近なアクションを考えた後、社会に出て行って、協力依頼や意識調査、さらには啓発イベントを実施し、高校生が社会をデザインしていく、全く新しいキャリア教育」（松蔭高校の公式サイトより）

昨今の高校生には、途上国支援に限らず、社会の役に立ちたいという気持ちが強い。その傾向は生徒の学力や土地柄、趣味とはほとんど関係がない。

高校生の社会貢献活動は、3・11の大震災前から全国各地で同時多発的に見られた。

2010年11月、鹿児島工業高校1年9組の37人が難病と闘う少年を応援しようと、空き缶を使って少年の似顔絵をモチーフにした巨大アート画を制作し、缶を換金して得た約2万円を少年の支援団体に寄付した。

11月3日の文化祭に向けて空き缶アートの制作を企画した夏休み前、同クラス担任の教諭が「展示後に空き缶を換金すれば社会に役立てられる」と話すと、生徒たちはインターネットで寄付先を検索した。

埼玉県新座市の小学生・竹内義貴君（当時９歳）が原因不明の拘束型心筋症を患い、アメリカに行って心臓移植手術を受けるための費用を募っていることを知ると、彼へお金を贈ることに決めた。

生徒たちは学校周辺のスーパーやコンビニなどに協力を呼びかけ、ごみ袋を手に街に出ては空き缶を拾い、４ヶ月かけて約１万２０００個（約２８０キロ）を集めたそうだ。

こうした事例は山ほどある。

町おこしのために高校生が地元の特産物を販売したり、オリジナルの観光マップを作ったり、企業と協働して新商品を開発することもある。

高校生が社会貢献活動を通じて日常的に地域のさまざまな大人と関わり、大人も知恵や人脈、環境を若者へ提供すれば、何もなくてつまらないはずの町も途端に色づいてくる。

インターネット上から会ったこともない人に声をかけられる新世代は、大人から容易に知恵を得られる。

そして、世界を急激により良いものへと変えることができるのだ。

28 楽しいイベントを作る

大学生でも建設できる途上国の学校・病院

電気や水道、道路、学校や病院などが整備されていないために、不便で不安な暮らしを延々と強いられているのは、被災地に住む人たちだけではない。

世界を見渡せば、途上国を中心にそうした暮らしにくい場所はたくさんある。

途上国を支援している団体の一つに、首都圏の大学生たちによって構成されたインカレサークル「学生医療支援NGO　GRAPHIS」（以下、グラフィス）がある。

2004年、石松宏章さん、葉田甲太さんら4人の医大生が、閉鎖的な医大での人間関係に物足りなさを感じ、医大生の交流を促すパーティを開いた。

開催すれば、女の子と出会えて、儲けまで出た。当時の石松さんは、日サロで焼いた黒い肌にメッシュの入ったロン毛、胸には派手なネックレスというチャラいギャル男。仲間もチャラ男に金髪ギャルの女子大生という取り合わせだった。

だが、どんなに苦労して人を集めても、パーティの売上を使って飲んで騒げば、何も残らない。毎日のようにしていたナンパも、いつからかつまらなくなっていた。

そんなとき、葉田さんから石松さんに１通のメールが届いた。

「カンボジアに小学校を建てないか？　１５０万円もあれば、学校に行けない子どもたちのために学校を建てることができる」

４人は「グラフィス」を結成。クラブで「ラブチャリ」と名づけたチャリティーイベントを開催し、収益の全額を認定ＮＰＯ法人サイド・バイ・サイド・インターナショナル（ＳＢＳＩ）を通じてカンボジアに寄付し始めた。ＳＢＳＩは貧困や災害その他の困難な状況に直面している人々の生活向上のために人道的支援活動を展開し、カンボジアでは政府承認の国際ＮＧＯとして病院、学校や養護施設の支援などを行っている。

グラフィスは仲間を集め、同世代に人気のＤＪやモデルを招いて楽しいイベントを開催することで若者たちを動員し、収益をカンボジア支援に充て続けた。そして、２００６年。コンポントム州に最大３５０人が学べる「GRAPHIS 小学校」を建設できた。

小学校が建ったのを確かめるために現地を訪れると、次の課題が見えた。

カンボジアには医者がいない。乳幼児の10人に1人が亡くなり、ＡＩＤＳの問題も深刻化していた。そこで、石松さんは病院を建てようと考えた。そして苦労の末、２００９年、「GRAPHIS 診療所」も建設できた。

彼らの活動の詳細は、グラフィス初代代表の石松さん自身が書いた『マジでガチなボランティア』（講談社文庫）という本を読んでほしい。この本の印税もＳＢＳＩに寄付され、グラフィスの作った学校や病院の維持・運営に使われる。

また、この本と同じタイトルで、グラフィスの国内外の活動を長期取材したドキュメンタリー映画が製作され、全国で上映会が開催されている。監督した里田剛さんは、この映画の収益の一部をGRAPHIS診療所に寄付している。

なお、向井理さんが主演した映画『僕たちは世界を変えることができない。But, we wanna build a school in Cambodia.』（監督・深作健太）は、葉田さんが書いた『僕たちは世界を変えることができない。』（パレード、２０１０年からは改訂版が小学館から刊行）を原作としてドラマにしたものだ。

グラフィスは２０１２年までに計21回の「ラブチャリ」を開催した。１回のパーティでチケット代金２０００円と入場料１０００円の収益を作り、毎度６００人以上を動員して純利益の目標値１００万円を達成してきた。最近では協賛する企業も募り、ゲームの景品を提供してもらうことでイベントをより楽しくして動員アップにつなげている。

こうした収益で診療所と国道をつなぐ道路の補修や救急車の運営費支援、診療所の医療スタッフの給与支援を行ってきた。長期の休みにはスタディツアーとして現地を訪問。

そのたびに新たな課題を見つけ、週１回２時間のミーティングを重ねては、イベントの運営や活動内容を話し合ってきた。

リーダーはより若い世代に引き継がれている。スタディツアーに参加した川崎洋さん（グラフィス3代目代表）は、こう語った。

「ツアーは1週間で1人15万円ほど。カンボジアのためにやったことが自分のためにもなる実感があった。国道と診療所の間の道がでこぼこで、交通量がすごい。カンボジアの死因の2位は交通事故で、国道で多発していた。電灯がなく、救急車と診療所の運営維持費も必要。救急医療の制度がなく、日本のように4分では到着しない。民間の救急車は、乗せるのはタダだけど、後で患者からがっぽり金をとる。だから市民は救急車に乗りたくない。グラフィスでは救急医療の仕組みを作り、救急隊員の育成や設備の補充を進めています」

途上国には想定外の困難が多い。5ドルで売春させられる7歳の少女がいる。AIDSに感染して親に見放される子どもや、親に捨てられる障がい児がいる。今日生きるのに必死で、夢を見られない子どもがいる。現地を訪れた学生は、こう語った。

「途上国の人には、ただ薬を与えても意味がない。時計がないという以前に、時間の感覚がない。字も読めないから処方箋があっても飲み方がわからない。だから、数字を勉強させ、時間の感覚を教え、最後にアラームを付けた時計を渡して生活リズムを病院で指導するところから始まるのです。日本では考えられない現実ばかりでした」

現場を見ないとわからないことがたくさんある。「ラブチャリ」ではツアーに参加したメンバーによる現地報告を必ず盛り込み、みんなが楽しく踊るだけでカンボジアの子どもたちが笑顔になることを伝えている。このようにグラフィスはカンボジアへの継続的医療支援を一つの理念とし、ボランティアカルチャーを日本中に広めることを目標としている。

今日では「ラブチャリ」を開催するサークルが全国に続々と増えている。

京都の学生国際協力団体SIVIOはラオスに小学校を建設し、愛知の学生ボランティア団体CHILEはバングラデシュの子どもたちが安心して勉強できるレンガの校舎を建て、大阪の学生国際協力団体BEAMはインドの最貧困地域に小学校を建設した。

ボランティアは難しいものではない。誰かの笑顔が見たい、それだけで始められる。

石松さんは、国際協力に取り組む学生が爆発的に増えた理由を、自分たちの支援が現地でどのように役に立ったかを体験できるようになったこと、その実体験を支援者にフィードバックすることで支援者もメンバーに加わるようになったことだという。

「最近の若い人は車は買わないですし、昔の人ほどお酒も飲みません。代わりに経験を重視する傾向にあります。これは一時的なブームなのでしょうか。違うと思います。阪神・淡路大震災をきっかけにボランティアが徐々に浸透し始め、東日本大震災でさらにその傾向は強くなりました。

日本は社会貢献を気軽に口にできるオープンな社会に生まれ変わったのです。それゆえに、国際協力に縁のない文学部や理系の学生や、飲みサークルや旅行サークルに所属していた学生が参加するようになったのです」（グラフィスの公式サイトより）

学生の社会貢献活動には、事業収支を公表したり、協賛企業に対して十分に価値のあるリターンを考え抜くなど課題が山積みだ。だがそれは、社会人と付き合えば解決できる。社会人から社会の仕組みを学ぶことも、「学生ならでは」の経験なのだ。

世界を変えるとは、政府や制度を変えることを必ずしも意味しない。たった一人の貧しい子どもを学校に通えるようにすることも、その子の未来を変え、希望を与え、その子の世界を変えることとなのだ。

2011年8月にGRAPHIS小学校を訪れたメンバーと、彼らを迎えるカンボジアの子どもたち

29

フェアトレードを選ぶ

生産地と消費地の子どもが救われるチョコ

「チョコを選べば、世界が変わる」

そんなキャッチコピーでカカオの輸入・販売を手がけているのが、株式会社インヴォルブ（東京都目黒区）だ。2006年に星野智子さんが設立した。

翌年、彼女はカカオ生産の本場ガーナを初訪問。以来、生産者やNGOらと関係を構築していく中で、森林や土地に負荷をかける過度の農薬使用で収穫が安定せず、価格も国際的な先物市場で毎日変動するために不安定で、多くの生産者が貧しいままでいる問題に直面した。

「チョコの原料として日本に輸入されるカカオの多くは、ガーナ、コートジボワールなどの西アフリカの国々で作られています。2001年、そうした農園には学校に行けず、一日中危険な作業をして低賃金で働いてる子どもや、近くの国から売られて来て家に帰れない子どももいるらしいとBBCが伝えていました。こうした農園の姿を変えていくには、チョコに関わる人や買う私たちが『人と地球にやさしいチョコ』を選ぶこと」（星野さん）

生産者に正当な対価が支払われるフェアトレード認証済みのチョコや、農薬を使用しないオーガニックのチョコを多くの人が選んで買えば、子どもが強制的に働かされることが減り、口に入れても安全なチョコだけが流通する世界が作れる。

星野さんは仲間と一緒に『チョコレボ』（チョコレート革命《レボリューション》）と名づけた活動を始めた。

ガーナ初のオーガニックカカオ生産者協同組合では、有機カカオの種や苗木の購入資金が不足している。彼らに森を守りながら良いカカオを作り続けてもらうため、数トンのカカオ豆を購入、企業に呼びかけ、チョコの製造・販売を始めた。

また、「チョコレボ　ガーナプロジェクト」として、収穫効率を良くするために新しい苗木への植え替えを推進し、より良い農法の技術を伝える支援も始めた。

チョコの消費が増えるバレンタイン時期には、有機カカオを使って日本で仕上げた「ガーナの森をつくるチョコ」をデパートで販売。売上の一部を協同組合へ寄付した。

一方、フェアトレードやオーガニックのチョコの輸入、販売、普及に取り組む団体・企業も、「人と環境にやさしいチョコ＝愛のあるチョコ」の認知度を高め、それを積極的に選ぶ消費者を増やすことを目的に、２０１０年12月に「チョコレート・アライアンス」という協働プロジェクトを立ち上げた。

ＮＰＯ法人ＡＣＥ、スローウォーターカフェ有限会社、ピープル・ツリー／グローバル・ヴィレッジ、ＮＰＯ法人フェアトレード・ラベル・ジャパンをコアメンバーとして、バレンタインに向けて「愛のチョコレート キャンペーン」を実施。その企画の一つが「チョコレート・サミット」というイベントだ。2012年11月に東京・青山の東京ウィメンズプラザで行われた第3回サミットでは、チョコに関わる人たちが深い議論を行った。

カカオハンターの小方真弓氏が生産地のコロンビアから音声中継による基調講演、CSOネットワーク代表・黒田かをり氏による情報提供のほか、生産者としてエル・セイボ（カカオ生産者協同組合、ボリビア）やパプア農村発展財団（YPMD-Papua、インドネシア・パプア）、製造者としてチョコレートデザイン株式会社、販売者として株式会社阪急阪神百貨店が事例発表を行い、チョコの生産から販売まですべてに関わる人たちが議論することによって、それぞれの現場でおきている問題を学び合った。

さらに、2012年11月、映画『バレンタイン一揆』（監督・吉村瞳）が公開された。世界の子どもを児童労働から守る活動を続け、同年12月に設立15周年を迎えたACEの設立記念作品として製作された映画だ。ACEは1000人を超える子どもたちを強制労働から救ってきた。

だが、この問題について考える機会はまだ少ない。児童労働をより身近に感じ、「自分にも解決活動はできる」と思ってもらう必要がある。

そこで、2011年11月に「ユースがつなぐ、日本とガーナプロジェクト」を企画した。

日本の高校生と大学生がＡＣＥの支援するガーナの村で現地の人たちと交流し、両国のつながりを実感して行動をおこすことを狙いとしたもの。ガーナを訪問する代表者を選ぶための合宿に全国から学生たちが集まり、選ばれた３人の女性がガーナを訪問。農園で働かされ、学校に行けない児童労働の過酷な現実を目撃した。

そして、彼らが中心となり、「バレンタインデーに大切な人へ贈るなら生産者のことも大切にするフェアトレードのチョコを選んでほしい」という趣旨で、大勢で同じ日時に買い求めに行くアクション「バレンタイン一揆」が２０１２年２月に行われた。

映画はこれら一連の動きを撮影・記録したもの。自主上映会を企画したい方も募集している。

親子でこの映画を観るところからも、世界は変えていけるのかもしれない。

映画『バレンタイン一揆』のワンシーン

30 化粧で自尊心を取り戻す

途上国や被災地の女性たちにコスメを

一般社団法人Coffret Project（コフレ・プロジェクト）は、日本の一般女性から品質上の問題はないものの使用されなくなった化粧品を回収し、化粧品メーカーからも使用期限内のシーズンオフ化粧品の提供を受け、ネパール、フィリピン、インドネシア、トルコなどに累計5000点超の化粧品を提供してきた。

そして、化粧ワークショップを通じて、のべ1000人の女性たちにさまざまな事情で奪われてしまった自信や尊厳を取り戻すきっかけを作ってきた。東日本大震災の被災地（宮城県石巻市、福島県福島市）へも、twitterなどで呼びかけて40社の化粧品メーカーから寄付を集め、1万点の化粧品を調達し、被災して化粧品の使用が困難になった女性たちに無償で配布した。

コフレ・プロジェクトは2010年からネパールを中心に活動してきた。

ネパールでは、1年間に約1万人から1万5000人の女性がインドの売春宿へと売られている。2012年1月にネパールにあるシェルターでワークショップを行うと、AIDS

などの病気に感染し、売春宿にすらいられなくなった女性が約60人も保護されていた。

この団体の代表理事・向田麻衣さんは、そのようすをこう紹介している。

「彼女たちは少し触れられただけで体をびくっと震わせてしまうくらい、完全に人を拒絶するようになっていました。私は何度も何度も語りかけ、根気強く、やさしく肌に触れ続けました。化粧が終わった後、ある女性は私に声をかけてくれました。『丁寧に触ってもらえたのがうれしかった。やさしくて、やわらかくて、とても幸せな気持ちになった』。途上国の本当の問題解決のヒントは、精神的な支援にあるのではないでしょうか」

そこで、シェルターで過ごす女性たちの自立を支援することを目的に、日本国内や海外から美容の専門講師を呼び、メイクアップの職業訓練を行いたいと考えた。

そして、２０１２年10月から11月にかけて毎週１回、肌の基礎知識、衛生管理の基礎知識、化粧品・メイク用具の使い方、メイクレッスンを学べる計８回の講義を実施した。

この事業には、実習用テキストを用意する費用や備品・道具類の調達費などで２５０万円が必要だった。だが、クラウドファンディングで２７６万５０００円も調達できた。

クラウドファンディングとは、インターネット上のサービスの一つ。

資金を必要とするプロジェクト内容と目標資金の金額、資金提供者への見返り（対価）を公開すれば、それに共感した人から資金を集められる。

向田さんは宮城県出身で、高校在学中の17歳当時にネパールを初訪問して女性の識字教育を行うNGOの活動に参加。2008年8月からトルコで6ヶ月間のフィールドワークを行った後、2009年にコフレ・プロジェクトの活動を始めたのだ。

そして、これまでの活動実績が評価され、化粧品や栄養補助食品などの製造・販売を営むエイボン・プロダクツ株式会社（東京都新宿区）が主催している「2012年度エイボン女性年度賞」を受賞した。この賞は、社会のために有意義な活動をし、人々に勇気や希望を与える女性を表彰するものだ。

向田さんは2012年7月、東京からネパール・カトマンズへコフレ・プロジェクトの事務所を移転した。ネパールのヒマラヤンハーブを使って製造する化粧品ブランド「Lalitpur」（ラリトプール）を立ち上げるためだ。この化粧品の輸入販売を行う株式会社の本社も石巻に新設。石巻在住の女性たちが働ける仕事を作り出している。彼女たちが事業を通じて困難な状況下で生きているネパールの女性たちと支え合える仕組みだ。

自社でオリジナルの化粧品が作れるようになれば、化粧ワークショップを行うたびに市民や企業から寄付を募る手間や時間を減らせると同時に、販売収益によってコフレ・プロジェクトの活動を持続できるだけの人件費も調達できる。

ボランティアでは、活動に専従するスタッフの生活費すら得られない。

起業は賢明な選択だ。化粧品が売れれば、雇用を生み出し、売春宿に売られるような貧困から女性を救えるかもしれない。

世界にはメイクすら自由にできない環境に置かれた女性たちが少なからずいるという深刻な現実も、より多くの人に伝えられる。

メイクという行為は、尊厳を取り戻すチャンスの一つだ。自尊心が回復すれば、誰かとつながる勇気や元気をもてる。そうなれば、行動半径が広くなり、自分の苦しみや問題を解決できる行動へつながっていく。

心が変われば、世界は変えられる。メイクには、それだけのパワーがあるのだ。

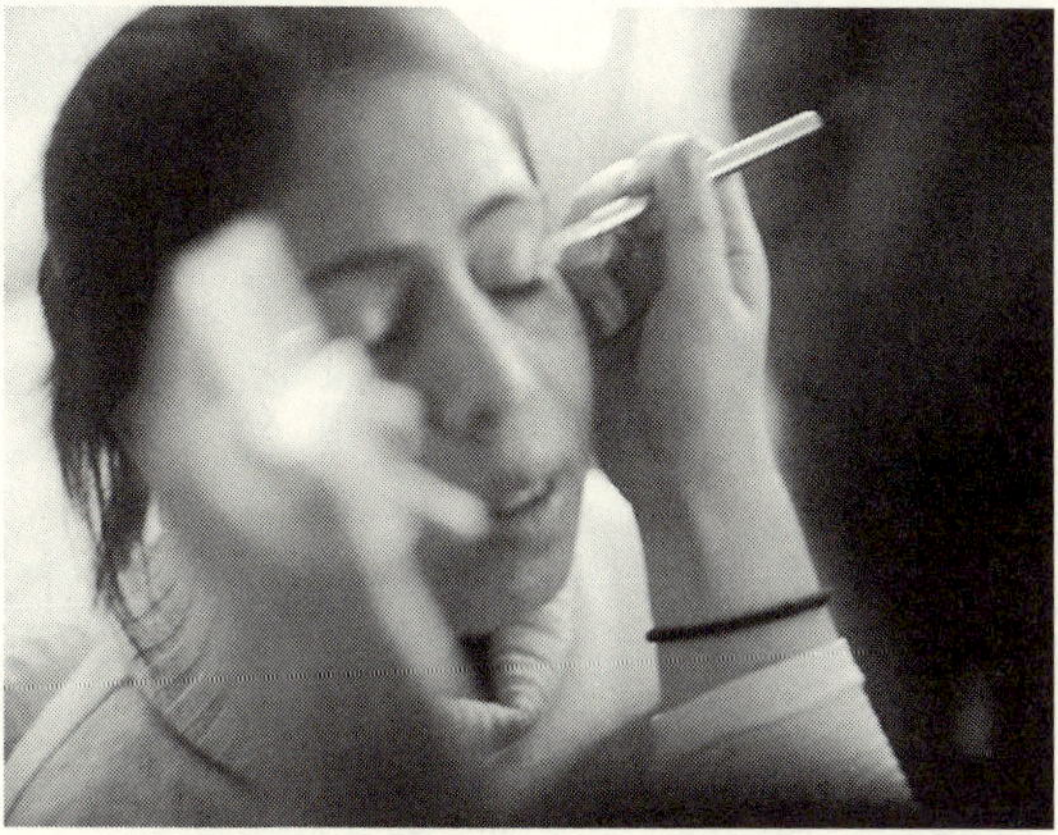

ネパールの女性にメイクを施しているようす　©dai mogi

31 現地産で商品を作る

南海の島からアフリカの人まで救える消費者

南太平洋のソロモン諸島では、世界市場から遠く離れていることや、せまい国土、爆発的な人口増加などの事情で森林伐採や食料不足が進み、人々の生活は困窮している。

現地で農業を中心とした持続的な発展を応援する活動を行っている環境NGOの特定非営利活動法人APSD（神奈川県相模原市）は、持続的な森林資源利用の方法として養蜂産業を育成しようと、2004年頃から熱帯雨林から採れるミネラルの豊富なはちみつの力を最大限に生かした商品の開発を模索していた。

すると、APSDのメンバーが、環境貢献活動で協働していたコスモ石油株式会社でアミノレブリン酸リン酸（ALA）というアミノ酸の一種を研究していた研究者と出会った。

体の中でエネルギーの生成を手助けするALAと、通常のはちみつの16倍のミネラルを含む熱帯雨林のはちみつ。この二つは共にうるおいを保つという特徴があることから、SBIホールディングスとコスモ石油のジョイントベンチャーであるSBIファーマ株式会社（東京都港区）が、これらの成分を生かした化粧品の開発を始めた。

これを機に、同NGOはフェアトレード商材の開発・販売などの事業を手がけるサステナブル・クルー株式会社を2006年に起業。

2009年1月に「花蜜クリーム」、翌2010年4月にトータルスキンケア商品「ラ・ソロモン」が誕生すると、同社が運営するウェブサイトから購入できるようにした。

その土地にある資源を有効に活用して商品を作れば、現地にそれまで無かった仕事を作り出せるし、未利用の資源を現金に換えられる。はちみつを作る養蜂産業が育てば、その仕事によって収入が生まれるため、食費や教育費を賄える。

同時に、木を売る必要性が薄まり、森林破壊をその分だけ食い止められる。

そうした商品を選んで買えば、途上国の人に仕事が生まれ、彼らの国の環境を守れるのだ。

このように買うだけで社会貢献になる商品は、日本のスーパーやデパートなどにも数多く売り出されている。

たとえば、「ZAMBIKESバンブーバイク」という竹製の自転車がある。アフリカ南部の内陸国ザンビアの自転車製造ベンチャー「ZAMBIKES」（ザンバイクス）では、地元ザンビアで生育した竹を用いた本格的なロードバイクフレームを製造・販売している。

日本での輸入代理店であるザンバイクス・ジャパンを運営する株式会社アライアンス・ファクトリー（東京都渋谷区）では、「ZAMBIKESバンブーバイクフレーム」の販売を通じて、ザンビアでの雇用創出と貧困からの脱却を支援している。

竹のもつ独特なしなりと優れた振動吸収性は、でこぼこ道や長距離のツーリングにおける疲労の蓄積を抑え、より快適な乗り心地を実現した。フレームは専用のジグを用いて精度高く組み上げられ、竹パイプの接合はエポキシ樹脂に浸したサイザル麻の繊維を幾重にも巻きつけて強力に固定した。主要な接合部には内部にアルミ管を組み合わせ、本格的なロードバイクとしての使用にも耐える。さらに、走行時の急な雨などへも対応できるよう、フレーム全体に耐水・耐候性の高いポリウレタン樹脂のクリアコートを三層にわたって施している。環境への負荷の小さい素材を用い、ザンビアに新たな雇用と生活改善のチャンスを生み出しながら生産される「人と地球にやさしい」自転車だ。

この自転車の販売によって製造会社のザンバイクスが得る利益は、ザンビアにおける人材の職業訓練や更なる雇用の拡大、工場の増設などに再投資される。

ザンビアでは失業率が高く、医師不足で妊産婦の死亡率は日本の78倍。乳児死亡率は日本の34倍（ユニセフ統計）。公共交通も整備されていない。職を得るにも、学校へ通うにも、水を汲むにも、距離が大きな障害となる。

この自転車があれば、通勤・通学の範囲は格段に広がり、水汲みの時間も大幅に短縮でき、水汲み仕事から解放された子どもたちは学校へ通える。医師が村々を自転車で周回でき、急病人を安全に運べるようになれば、医療事情も劇的に改善する。

バンブーバイクフレームは、ザンバイクス・ジャパンの公式サイトから購入できるほか、実店舗でも完成車として買える。

このように、品質が良いだけでなく、生産者の生活向上にもつながるという価値をもった商品を選べば、自分が乗って楽しむだけで海の向こうの国の貧しい人たちにも笑顔をもたらす。商品を選んで買うことからも、貧しい世界はなくせるのだ。

日本国内でも現地産の商品が開発されている。

たとえば、組手《くで》は日本伝統の建築の技で棒状の木材に加工した溝のこと。二つの溝を組み合わせれば釘を使わずに組み立てられる。「組手什《くでじゅう》」はこの技を応用した組み立てキットだ。1万円（税別）で8センチメートルごとに溝（組手）が加工された細長い木材20本（1セット）が届き、作りたいものに合わせてのこぎりで切って、組み合わせるだけでオリジナル家具が作れる。これまでほとんど廃棄されてきた部分が有効利用されるので、日本の森林を守ることにつながる。使えば使うほど森を守れる間伐材だ。

この「組手什」は、NPO法人賀露《かろ》おやじの会（鳥取県鳥取市）、NPO法人日本の森バイオマスネットワーク（宮城県栗原市）、登米森林組合（宮城県登米市）、組手什おかげまわし東海（愛知県名古屋市）などが協働して作り出した。

今日、日本の人工林では間伐が行き届かず、非常に危険な状況にある。間伐されても、そのまま捨てられることも多い。

そこで、賀露おやじの会では、組手什の購入代金の5％を生産地の林業農家へ支払う仕組みにした。1セットの購入で500円が原木の産地に直接支援される。

「このプラス500円は約1トンの原木丸太利用につながり、約50坪の健全な森作りを進めます。原木の産地には『木の駅』があり、そこでは安すぎる原木価格に少しプラスして買い取っています。そのプラスの一部に使われます。『木の駅』に出荷した人には地域通貨で支払われ、通貨はその地域でしか使えないため、村の商店が少し元気になります」

(9de10ポータルサイトより)

バンブーバイクフレームを作るザンビアの労働者

第5章

被災者支援

復興への道のりは遠い。だが、高校生も、大学生も、アイドルも、おばあちゃんも、マンガ家も、「自分のできること」を通じて被災者と関わり始めている。関わり始めたからこそ、自分の価値に気づかされるのだ。

32 仲間を誘う

100万円以上を寄付した高校生

東日本大震災の復興活動には、震災直後から全国各地そして海外からの支援を含め、多くの市民や企業、NPOなどが参加した。震災で壊滅状態になった町を立て直すには、心身ともに傷ついた地元住民だけではどうにもならない。

このように誰の目にも明らかな社会問題では、解決の姿がはっきりと見える。

それは、自分の家に住めて、親には毎日仕事があり、子どもは安心して学校に行けるという当たり前の暮らしを取り戻すこと。しかし、家や土地などの資産はもちろん、職場まで失った被災者には、手持ちのお金が無い。

震災直後は、必死で生き延びて避難所に逃げ込んだものの、衣食はもちろん、移動に使う車のガソリンなどの生活必需品の物資が足りないだけでなく、お金が無いために自力で必要なものを買いそろえられなかった。

しかも、高齢者や乳幼児、妊婦、障がい者などの社会的弱者を支援するNPOなどの非営利活動団体も、活動を続けるだけの資金が底をついている。助けたくても、助けられない。

一刻も早くお金を送ることが必要だ。それは10代でもわかることだったので、全国の多くの高校生たちも自分たちのできることを考え、動いた。

東北から遠く離れた九州の福岡県では、北九州市立高校（戸畑区）の生徒会長・安村裕貴君（当時17歳）が生徒会のみんなと一緒に「高校生にもできることをしよう」と校内で呼びかけた。すると、２００９年に国際大会で優勝したダンス部や県大会常連の吹奏楽部、インターアクト部などが共感し、チャリティーイベントへの出演を快諾した。

震災当日から2週間あまりしか経っていない3月30日、八幡市民会館大ホールを借りてチャリティーコンサート「Million Heart　高校生にもできること」を開催できた。

入場料１０００円で１０００人に来場してもらい、１００万円の義援金を集めるのが目標だった。だが、予想をはるかに上回る約１４５０人が駆けつけた。当日は会場に募金箱を置き、支援を訴えたそうだから、約１５０万円の義援金を1日で調達したことになる。

当時はテレビや新聞で被災地の惨状が連日伝えられ、mixi や twitter などのＳＮＳでも被災者への義援金や被災地支援活動団体への寄付金を募る情報が拡散・増殖していた。

そうしたタイミングで世の中全体の空気を読み取れば、「自分のできることなら協力したい」という人は少なくないと容易に気づける。

高校生でも、同じ学校の仲間を誘うことぐらいはできる。気づいた人が声を上げ、仲間を集めれば、短期間の準備でも1000人以上を集めるイベントが可能になるのだ。

もっとも、この動きには追い風があった。それは、震災の前年（2010年）の年末から全国で流行し、新聞やテレビで何度も報じられた「タイガーマスク運動」だ。

これは、児童相談所や児童養護施設などで暮らす子どもたちに新品のランドセルやノートなどを匿名で贈る人が続出したという現象のこと。贈り主には往年のヒットマンガ『タイガーマスク』の主人公・伊達直人などの名前を使う人が少なからずいた。

その当時からマーケティング業界では、「見栄や贅沢のための浪費」を嫌い、「より良い社会を作るための消費」を選ぶ人が増えてきた動向を「ソーシャル消費」（エシカル消費）と呼んでいる。ソーシャル消費はアメリカなどの先進国でも同じように見られ、既に21世紀の世界の潮流として定着しつつある。

インターネットに早くから親しんでいる昨今の10代は、そうした時代の空気に敏感だ。ソーシャル消費という言葉など知らなくても、ソーシャル・アクション（＝より良い社会を作るための活動）を当たり前のように始めている。

神奈川県では、県立厚木北高校の生徒会長・小島果恋さんが宮城県仙台市で被災した知り合いから「現地では衣料品などの物資が必要だ」という声を聞いた。

そこで、1・2年生を中心に支援物資を被災地に送ろうと考え、地域住民にビラを撒いて呼びかけ、衣料品を回収した。すると、1日で集まった衣類の数は、未使用と古着を合わせて約1万3000点に上った。

震災で苦しんだのは、人間だけではない。宮城県石巻市では、獣医師やボランティアらが被災したペットのシェルターとして石巻動物救護センターを設けて避難所で飼えずに預けられたり、飼い主がわからなくなった約100匹の犬や猫を保護していた。

この事実を知った愛媛県立新居浜西高校の生徒会では、全校を挙げてペットたちの体を拭くためなどに必要な古タオルを集めて送った。

同校の玄関などに箱を置いて収集し、文化祭でも事前に呼びかけると、保護者らがたくさんの古タオルを持参した。さらに他の高校にも協力を求めたら、新居浜東、新居浜南、新居浜工業、新居浜商業が賛同し、約1000枚を超える古タオルが集まった。

震災から2年が経過しても、東北での復興活動は続いている。

だが、人々の関心はすっかり薄らいでいる。復興活動のための資金や支援の手が減れば、復興は遅れる。遅れた分だけ被災者が元の暮らしに戻れる日は遠のき、仮設住宅や避難先での「仮暮らし」の不便や孤独が延々と続くことになる。

それこそが新たな社会問題なのだと気づいた人は、本書に書かれたさまざまな仕組みを使って、被災者と伴走する気持ちで復興支援活動に参加してほしい。

まずやるべきことは、解決してほしいニーズ（要望）を困っている当事者の被災者に尋ねること。これは、インターネットで被災地支援団体を検索したり、被災者に呼びかけるブログを書いてtwitterなどで拡散すれば、被災者と連絡をとることは簡単にできる。

そして、自分たちが無理なくできそうなことは何かを具体的に考えること。

みんなと一緒に動けば割と簡単にできてしまうことは少なくない。

みんなが面白がって参加したくなる楽しいアイデアをどんどん書き出し、「ゲームを寄付して東北笑顔プロジェクト」とか、「同世代の被災者に手紙を贈ろうプロジェクト」など活動に名前をつけよう。

そのうえで、自分にはできないと思ったことでも、それができそうな人のリストを作り、初対面でも声をかけ、仲間に誘おう。最初に誘った一人が断っても、人材は世の中に無数にいる。そう信じれば、プロジェクトは必ず実現できるのだ。

三重県津市の私立セントヨゼフ女子学園では、2011年4月3日に市内中心部の百貨店前に高校・中学の生徒たちが並び、被災者への募金活動を行って40万円以上を集め、終業式には全校生徒に呼びかけ、生徒や保護者からも集めて約130万円をカトリック系の社会福祉団体を通じて被災地へ送った。

同校の宗教奉仕部には、中高合わせて89人も所属していた。彼女らは中学1年生のときから手話と点字を学び、県内の特別支援学校や老人ホームなどを慰問したり、「貧しくても学ぶことができるように」とフィリピンやインドの学校も支援してきた。

最貧国の一つ、西アフリカ・シエラレオネにある職業訓練学校も支援しようと、毎週１回オリジナルのろうそくなどを作り、バザーで販売し、売上金と生徒らから集めた募金の総額（約１５０万円）を送り、「セントヨゼフ」の名前がついた教室もできた。

部長だった落合晃子さんは、新聞の取材にこう答えている。

「本校は宗教奉仕部が幅広くボランティア活動をしていることで知られていて、そこにあこがれてセントヨゼフを選びました」

高校生の自発的な社会貢献活動を学校側が積極的に支援する姿は、地元の新聞社やテレビ局によく取材される。それらの記事や番組は、高校にとって地域の市民から愛されるというメリットがある。

同時に、社会貢献ができるかどうかは、中学生にとっても高校選びの一つの基準になりつつあるのだ。これは、高校生が進学先を選ぶ際も同様である。

社会貢献に本腰を入れることは、学校の社会的価値を向上させ、受験者数を増やすチャンスなのだ。それは、新しい世代が学校経営者に差し出した宿題である。

33 寄付を集める

参考書を集めて中高生に贈る大学生たち

東日本大震災で被災した受験生には、毎日の勉強で使っていた市販の参考書を自宅の倒壊や津波で失った者が多い。

そこで、彼らに参考書を送ろうというプロジェクトを、早稲田大学・明治大学・学習院大学など首都圏の大学生グループが2011年秋から始めた。「参考書宅救便」というブログを通じて全国に参考書の寄付を呼びかけると、同年の年末までに2万冊以上が全国から寄付された。

東北の受験生が「参考書宅救便」のウェブサイトにある在庫リストをチェックして自分がほしい参考書を選ぶと、大学生たちが要望通りの参考書を発送する。初年度の2011年内だけで約3500冊を岩手、宮城、福島の中高生98人の自宅と地元の学習塾・NPOなど10団体へ郵送できた。

郵送コストは、回収した参考書の中で受験生が使用しないものを古本屋に売却した利益や、活動に共感してくれた企業や市民からの寄付金で賄っている。

「参考書宅救便」の発起人で青山学院大学の赤塩勇太さんは、企業から倉庫を借り、さいとうクリニックや武田塾などから活動資金の協力を取り付けた。

「震災で進学の夢をあきらめてほしくないと思い、たった一人から始めました。参考書を届けた東北の受験生に会いに行くと、『一度は受験をあきらめて就職しようと思っていましたが、もう一度受験にチャレンジしようと思いました。ありがとうございます』といわれ、本当にやってよかったと思いました」（赤塩さん）

このプロジェクトに協働する企業も現れた。インターネットで古本屋を営む株式会社バリューブックス（東京都杉並区）が「本想いプロジェクト」を始めたのだ。

家庭や企業などで不要になった古本を集めて寄付すると、バリューブックスが査定、買取金額は「参考書宅救便」のメンバーに渡される。

そのお金でメンバーが新品の学習教材を購入、被災地の中高生に届ける。

「本想いプロジェクト」のウェブサイトから手続きをすれば、宅配業者が着払いで引き取りに来てくれる。

家庭や企業の玄関などに古本回収箱を設置しておけば、たまったときに宅配業者を呼ぶだけでいい。寄付者に負担や手間がほとんどかからない。

2013年1月の時点で「参考書宅救便」の支部は、成蹊大学、明治学院大学、武蔵大学、立教大学、日本女子大学、聖心女子大学、立命館大学など全国各地の11大学に生まれており、メンバーは約90人に増えた。

青山学院大学のメンバーは2012年度に「1000冊の古本を回収」という目標を掲げたが、12月までに達成できた。

メンバーの中には、2012年の夏休みに宮城県石巻市の仮設住宅を訪ね、小学生に宿題を教えるボランティア活動をした学生もいる。そこで、自分たちが当たり前のようにしている勉強や受験への支援を続ける必要があると感じた。

代表を継ぐ青山学院大学の冨永裕紀さんは、「まだまだ自分たちにできることはたくさんある。被災地で暮らす年齢の近い中高生を少しでもサポートしたい」と朝日新聞の取材に答えた。

被災地では、まだ仮設住宅や親戚の家などでの仮暮らしを余儀なくされていたり、安定した仕事につけずにいる親も珍しくない。市販の学習教材を自由に買えるほどの余裕がない家庭は少なくないのだ。「参考書宅救便」への期待は今なお大きい。

大学や予備校も彼らの活動を支援すれば、多くの参考書と同時に、多くの受験生を集められる好機になる。

短期間で全国の大学生を組織し、被災地の社会問題を解決させてきたメンバーたちの実績は大きく、就職活動の面接時に企業にアピールできる貴重な経験になるだろう。

また、彼らと協働する企業にも、協働のプロセスを通じて優秀な若手人材を青田買いできるメリットが生まれる。

非営利活動と組むことは、企業を成長させるのだ。

購入した参考書を宮城県の石巻好文館高校の生徒に手渡す「参考書宅救便」のメンバー

34 新商品を開発する
復興girls＊と、女川カレー

震災から2ヶ月後の5月、岩手県立大学2年生（当時）の野中里菜さんは周囲の女友達を誘って「復興girls＊」を組織し、オリジナル商品を企画・開発した。

地元の手作り家具工房「スタジオS@bo.」とは高田松原の松でキーホルダーを、障がい者が裂き織りに取り組むNPO法人ハックの家（田野畑村）とはコースターを作った。販売収益は「高田松原を守る会」に寄付され、復興活動の支援金になる。

Facebook や YouTube で宣伝し、9月には東京のいわて銀河プラザ（東京都中央区）でイベントを開催。

宮古市のカレーやわかめ、三陸鉄道のグッズと一緒に販売した。資金は、社会貢献活動に学生が複数で企画・実行して就業力を高める学内のIPU-Eプロジェクトから支援された。

12月3・4日には、東京・お台場のMEGA WEBでの物産市にトヨタの被災地支援活動「ココロハコブプロジェクト」の一環として招かれ、「復興girls＊」は売り子を務めた。

「震災から9ヶ月経っても、陸前高田では信号が復旧していなかったり、がれきの撤去が進

んでないところもあります。ボランティアの方も減り、苦しんでいる方がたくさんいる。被災地に目を向けてほしい」（野中さん）

彼女らはその後も休みを返上して地元の復興支援活動を続け、翌2012年9月もいわて銀河プラザでイベントを開催。メンバーは30名に増えた。

前年好評だった松光ストラップも、学生自身が新たにデザインしたものを販売した。他にも、大船渡産のわかめや岩手県のB級グルメ「いわてまち焼きうどん」、オリジナルブレンドの焙煎豆「復興ブレンド」や、被災した企業で働いていた方々が手作りしたシフォンケーキとマドレーヌなど、もりだくさんだ。メンバーの一人、関口悠さんはいう。

「今も岩手ではがれきが片付いてなくて、沿岸の人たちの足だった鉄道も動いてません。仮設住宅にお住まいの方は車も買えず、大変不便な暮らしを強いられています。岩手にはものすごくステキな商品がいっぱい。いわて銀河プラザに足を運んでみてください」

地元の素材と人材と一緒に新商品を作る動きは、多くの支援者にも試みられた。

宮城県牡鹿郡女川町は、津波で山間部を残してほとんど壊滅した。

そこで、「ちきゅうの子22プロジェクト」の蓮見洋平さんと神奈川県鎌倉市のスパイス会社アナンのメタ・バラッツさんは、震災直後から炊き出しに出向いた。

避難所では、血流を良くして体が温まるスパイスを使ったカレーを作り、食べてもらった。

「おいしかったよ」「ありがとう」といわれた。でも、蓮見さんは無力さを感じた。いくら支援しても、したりない。もっと力になりたいが、支援者にもそれぞれの生活がある。

ボランティアでは経済的に限界が来る。支援を持続するにはどうすれば……、遠く離れていてもできる支援は何だろう……。そう考えたとき、ふと、あることが頭をよぎった。

「炊き出しで作った特別ブレンドのスパイスカレーを商品化し、全国で販売を始めました。女川町に商品の製造作業所を作って若者たちの雇用を生み出し、新しい観光資源の一つとしてカレーで町おこし。それが『女川カレープロジェクト』です。

チャリティーや復興支援の寄付のつもりでは、1回買ったら終わり。やるからには味で勝負します。女川には、さんま、銀鮭、ホタテ、ホヤ、有名なかまぼこなどの海の恵みがあります。美味しいものを作れば、何度も買っていただけて女川のファンになる。地域の名産の一つとして50年、100年と歴史を刻んでほしい」（蓮見さん）

震災で職を失った女川町の阿部美和さんを現地で活動する団体の代表とし、女川高校のグラウンドにできた「きぼうのかね商店街」で販売を開始した。

4食分のカレールーが入った1個650円（税別）のキットは、「女川カレープロジェクト」のウェブサイトから購入できるほか、女川町商工会や東京・松屋銀座など全国の店でも買える。東北での新商品の開発は、今後さらに期待されている。

お台場のMEGA WEBでの物産市で売り子を務めた「復興girls＊」のメンバー。左から野中さん、佐々木遥さん、米沢あゆみさん、阿部夏美さん

「女川カレープロジェクト」のメンバー。左からメタ・バラッツさん、蓮見太郎さん、阿部美和さん

35 復興を楽しむ

気仙沼から日本を元気にする非営利アイドル

大津波で流出した石油の引火で広域火災が発生し、甚大な被害に見舞われた宮城県気仙沼市。混沌とした市内では、人々に物資が届かなかった。

そんな中、「地元を知り尽くした自分たちのネットワークなら何か役に立てる。支援を受けるだけでなく、自らも支援の側の力になりたい」と20〜40代のメンバーが集まり、被災者自身が運営するボランティア団体「SIMCITY 気仙沼」を結成した。

彼らは気仙沼に笑顔と活気を取り戻し、子どもたちが世界に誇れる町作りを目指し、地元復興イベントを独自に開催し始めた。メンバーの中には、家や仕事を失い、大切な人の命を失った者も多い。子どもたちの間でも、勉強や部活動以外の好きなことを思う存分やってみたい願望が抑制されてしまっていた。

これは子どもだけの問題ではなく、彼らの家族や地域住民にとっても心配な「みんなの問題」(=社会問題)だ。「SIMCITY 気仙沼」のメンバーはそう考えた。

そんな被災地の女の子たちの笑顔を取り戻そうと、「SIMCITY 気仙沼」ではご当地アイドルを育成するプロジェクトを立ち上げた。それが、夢を捨てず、なりたい自分になれるようにと結成された「SCK GIRLS」(SCKとは産地直送気仙沼の略) だ。

　2011年10月1日からメンバー募集を開始すると、地元の小学生から高校生の少女10人がメンバーに決定。同月15日にレッスンを始め、11月3日には地元の「お伊勢浜らいぶふぇすた」でデビューを果たした。

　それから「SCK GIRLS」は、地元の祭りや仮設住宅のクリスマスパーティ、復興屋台村などのイベントに精力的に出演。南三陸の歌津仮設店舗や仙台での復興ライブなどでも歌い踊り、地域市民に元気な姿を見せ、明日を開く復興ののろしになった。

　2012年に入ると、秋葉原や銀座、葛西臨海公園など東京でのイベントにも出演し、4月1日にはファーストシングル「ありがとうの言葉/ReGeneration」を発売。

　このCDや関連商品は、気仙沼名産の商品を取り扱うオンラインショップ「気仙沼復興物産市」や「気仙沼さん」で購入できる。

　その後も、気仙沼市内や宮城県内の夏祭りや特別養護老人ホーム、気仙沼駅リニューアルイベント、社会福祉施設などで歌うだけでなく、岩手・山形・埼玉・東京からも出演依頼を受け、NHKや日本テレビなどのテレビ番組にも出演を果たした。

　既に全国各地に地域活性に寄与するローカルアイドル (ご当地アイドル) が多く生まれて

いるが、東京では金儲けだけが目的でアイドルの発掘・育成に力を入れている。

だが、アイドルが増え続ければ、アイドルの商品価値は下落しかねない。そうしたアイドルと「SCK GIRLS」が決定的に違う点が三つある。まず、「SCK GIRLS」をマネジメントしているのがボランティア団体である点。活動目的が金儲けではないのだ。

「子どもたち自身も元気になり、全国に元気と笑顔を届けられるグループを目指し、気仙沼からだって夢は叶えられるんだという姿を全国に向けて発信」（公式サイトより）

実際、「SIMCITY 気仙沼」の活動経費は市民・企業などからの寄付金で賄われており、「SCK GIRLS」のCDの制作費も寄付金で賄われた。その販路も握手会などでの手売りか、地味なオンラインショップのみだ。

それどころか、「SIMCITY 気仙沼」は2012年3月に気仙沼市民会館で開催された「卒コン」に全面協力した。地元の高校3年生バンドが出演するイベントで、1円も稼げない。イベンターや芸能事務所なら絶対に手を出さない仕事だ。

「SCK GIRLS」の音楽をプロデュースした佐藤健さんは、自身のライブ収益の一部と募金を震災で楽器を失った子どもたちに楽器を提供するのに使う取り組みを始めている。

他のアイドルと異なる第2の根拠は、「SCK GIRLS」のメンバー選定にはオーディションがなく、気仙沼に残る中高生の女の子なら誰でもメンバーになれるという点。活動目的が

「気仙沼からだって夢は叶えられるんだという姿を全国に向けて発信」することなのだから、選ぶ必要がないのも道理だ。

第3の根拠は、「（気仙沼の）子どもたち自身も元気になり、全国に元気と笑顔を届けられる」ようになったときに存在理由がなくなるという点。オリコンチャート1位や武道館を満杯にするなどの市場原理で成功が判断されるわけではないのだ。

CDを販売しただけで「金儲け」と決めつけるのは、ビジネス＝営利目的という古い考えに洗脳されている人だけだ。

移動するだけでも交通費はかかる。そうした活動経費を補填する資金さえ調達できればいいと考えるのが、非営利事業なのだ。

仙台クリスロードでライブ中の「SCK GIRLS」

36

被災者と全国の支援者をつなぐ

ぞうきん作りと、癒しのプロ

復興支援ボランティア団体「SAVE IWATE」の紡ぎ組は、被災者の方々にぞうきんを縫ってもらう活動を続けている。

紡ぎ組のスタッフは、震災から1ヶ月後の2011年4月半ば、避難所になった盛岡市のつなぎ温泉の旅館に支援物資のフェイスタオルと裁縫道具を持参し、ミシンも使わずにできるぞうきんをみんなで作り始めた。大事な人を失った悲しみや無力感にうちひしがれる気持ちを、手仕事をすることでやわらげようという趣旨だった。

だが、フェイスタオルから作られるぞうきんにはいろいろな模様や色があり、被災者が丁寧にこしらえているようすを見て、同年7月から統一規格を作って売り出した。

被災者から1枚200円で買い取り、タグの購入費など必要経費を乗せて300円で販売を始めたのだ。盛岡復興支援センターと盛岡市内にある消防団の建物の一角で交流サロンを開き、被災者の方々に作ったぞうきんをもってきてもらっている。

「元は沿岸部に住んでいて内陸部に避難された方には、生活費のアップで困窮した人が少なくありません。『月にあと2、3万円もあれば、生活できるのに』という方も。また、入る際に選択の余地が少なかった仮設住宅では、ストレスで老人や子どもへの虐待があったり、顔見知りでない人々の間で交流を失って孤独死された方もいます。老夫婦だけで暮らすと無口になり、外出が苦痛になって孤立しがちになるのです。

それを心配して、娘さんが『ぞうきん作りをやらせてあげてください。やることがあるだけでありがたいので』とお母さまを連れてこられたことも。サロンでは友達ができて、息抜きができます。『白い箱（仮設住宅）の中でカラスを見てるだけだった。復興ぞうきんがなかったらどうなってたか』とおっしゃった高齢の女性もおられます。

このぞうきんは、商品であると同時に『私たちは全国の人々に忘れられていない』と確かめるツール。今なおぞうきんの素材になるフェイスタオルを募集しているのは、そういうつながりを保ちたいという意味もあります。なので、被災者へ応援メッセージを送ってくださるだけでもうれしいのです」（紡ぎ組の担当者・山本成美さん）

これまで縫い手になった被災者は150名以上。その後も90名以上が継続して縫っている。2013年1月31日までの生産総数は4万7280枚、販売数は4万2199枚に上り、東京や兵庫、大分、千葉、静岡などでも販売している。

タオルを買った一般市民の方がぞうきんを縫った被災者の方々の思いを受けとめ、勤務先の会社や地元のイベント会場で販売してくれるなど、販路拡大に協力する人が全国各地に少しずつ増えているのだ。

2013年に入っても、東北の復興は十分に進んでいない。あいかわらず仕事は不足している。支援が今後何年も切実に必要なのだ。

東京には、自分のプロスキル（職業技術）を生かして被災者を支援する「チーム恵比寿」というボランティア団体がある。恵比寿で整体・マッサージの店「癒し処元気」を営む整体師・加倉井昌幸さんが結成を呼びかけた有志の〝癒しのプロ集団〟だ。

彼らは、整体師、ネイリスト、バルーンアーティスト、歌手、落語家、ミュージシャンなどのプロを広く募集し、被災地の仮設住宅に赴いて無償で支援活動を続けている。毎月、チーム内で参加費を出し合い、東京からマイクロバスをレンタルして被災地の仮設住宅を訪問し、集会場やイベント会場などで活動してきた。

2011年6月に宮城県石巻市で活動を始めて以来、2013年1月28日までに岩手県陸前高田市や大船渡市、釜石市、宮城県気仙沼市、長野県栄村などにのべ32回も訪問した。

参加したある女性エステティシャンは、同団体のウェブサイトでこう書いている。

「私たちだけではこのボランティアは成り立たない。受付係やマイクロバスの運転手などのスタッフとして参加してくださる方々のサポートがあることでスムーズに施術に入れて、現地の方はストレスなく施術を受けていただける。楽しんでくださる被災された方、楽しかった時間を惜しむように最後まで見送ってくれる方の姿を見て、今回だけで終わらせてはいけないという気持ちも生まれました」

同団体のFacebookページには２０１３年１月29日までに６０７人が「いいね！」を押し、大阪から被災地へ赴くチームも新たに発足した。「いいね！」を押すだけでも、立派な復興支援活動になるのだ。

チーム恵比寿では、活動を続けるため、寄付金を公式サイト上から募っている。マイクロバスの運転経験があるドライバーや整体師、ネイリストなどの施術のプロ、プロとして活動中のアーティスト、当日の受付係を担うサポートスタッフ（学生可）なども募集している。あなたが一刻も早い復興を望むなら、無理なくできる支援は必ずある。

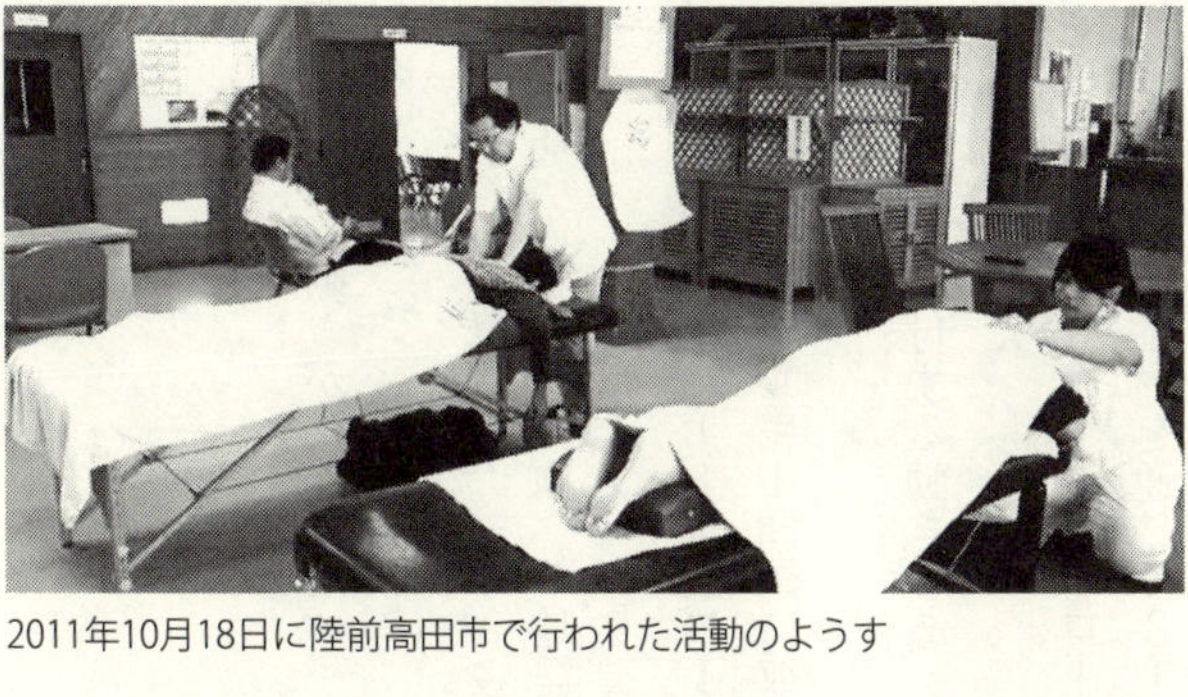

2011年10月18日に陸前高田市で行われた活動のようす

37 仕事で貢献する

作品とスキルを提供したマンガ家たち

マンガ業界でも、被災者への取材を基に支援や防災などについて描く動きが見られた。

小学館では、2011年9月から『週刊ビッグコミックスピリッツ』で『美味しんぼ』（雁屋哲原作、花咲アキラ画）の「被災地編・めげない人々」シリーズが始まった。『ビッグコミックスペリオール』でも同年11月から『匠三代』（倉科遼原作、佐藤智一作画）で地震に強い家が描かれ始めた。

集英社では、作者自身も被災した体験マンガ『わたしたちの震災物語 ～ハート再生ワーカーズ～』（井上きみどり作）が11月に刊行。『ジャンプ改』でも日本のエネルギー問題に取り組む『H・E The HUNT for ENERGY』（Boichi作）の新連載が始まった。

同年には、マンガ家が無償で読みきり短編を書き下ろし、販売収益を寄付する動きもあった。有志のマンガ家たちで構成される制作委員会が始めた「僕らの漫画」だ。

アンソロジー（短編集）は、iPhone、iPad、iPod touch用アプリを600円でダウンロードすれば読めるようにし、同内容の電子書籍版もeBook Japanのウェブサイトを通じて31

5円で購入できるようにした。発起人であるHさんはその当時、こう語った。

「吹き出しの文字を取り込む製版の経費と手数料（アプリだと30％がアップル社に）を除いた金額を寄付します。日々の仕事の合間を縫って、余力をすべて注ぎ込んで作りました。ふだんの連載などの仕事を脅かすほどがんばっては本末転倒になりますが、できる限りやりたいです」

同年11月末までにアプリだけで29１3点がダウンロードされ、売上は122万3460円に上った。そして、2012年5月、アプリ・電子書籍として販売されていた28本のマンガは『僕らの漫画』というタイトルで単行本として小学館から発売された。

参加したマンガ家は、喜国雅彦、小玉ユキ、さそうあきら、鈴木マサカズ、とり・みき、村上たかし、ヤマザキマリなど総勢27名に上った（敬称略）。この本の必要最小限の経費を除くすべての収益は、とくに被害が甚大だった岩手・宮城・福島の各県庁が主催している震災遺児・孤児の育英基金に寄付される。

寄付先を子どものための育英基金に決めた理由は、次の通り。

「マンガを一番楽しみにしてくれているのは誰だろうと考えたときに、子どもたちが頭に浮かびました。各県に膨大な数の震災遺児・孤児がいます。ほんの少しでも彼・彼女らの力になることができるならば、それはきっとマンガからの支援の意味がある。

また、育英基金は震災遺児・孤児たちが独り立ちしていくまでを支える、息の長い支援を必要とする基金。これは、私たちが掲げてきました『支援は長期戦』というコンセプトに非常に合致しておりました」（『僕らの漫画』の公式サイトより）

一方、マンガ家・山本夜羽音さんが中心となって、「おたぱっくQB（救援便）」（東京都杉並区）が震災直後に結成された。彼らはインターネット上からマンガ本などの寄付を呼びかけては被災地の子どもたちに贈り、被災地に赴いては似顔絵を描く活動を続けてきた。2011年までに10回被災地に入り、「寄贈したマンガ・ゲーム・アニメDVD・おもちゃ・絵本などは数十万点、総重量10トン超」という。2012年からは「子どもたちの心のケアになってほしい」とマンガ教室を始めた。テストケースとして、2012年1月21・22日に宮城県石巻市の4ヶ所で開催。

2月4日には福島県いわき市のイオンいわき店で、翌5日には南相馬市の野馬追通り銘《めい》醸《じょう》館「ゆうの風」で実施。『B型H系』で人気のマンガ家・さんりようこさんやイラストレーターの鳴海テヨナさんも参加した。4月1日には石巻で2回目のマンガ教室を開催。主に中高生の参加者20人以上が、山本さんとアニメーター・イラストレーターの横田守さんの指導を受けた。翌2日も福島市の児童養護施設アイリス学園を訪問した。

「震災や原発事故で多くの怒りや悲しみがある中で、一回でもニコッと笑ってもらえることがうれしい。マンガ家は、マンガが印刷された後で評価されるため、読者の反応がつかみにくい。でも、子どもの目の前で絵を描いてみて本当に喜ばれた。僕は、涙が出るくらい救われた。復興支援は、わがことのように喜んだり、悲しんだりすることからしか始まらない」（山本さん）

２０１３年2月、「おたぱっくＱＢ（救援便）」はYahoo!オークション上で「マンガ家・イラストレーター・アニメーターによる武者絵チャリティーオークション」を開催した。山本さんは、その趣旨をこう説明した。

「武者絵は、福島県南相馬市に伝わる伝統的な祭り『相馬野馬追』をモチーフとしたもの。勇壮な祭りとして知られる相馬野馬追も、大震災による津波被害だけでなく福島第一原発の近くでもあることから、開催には多くの難題がありました。でも、地元の方々は被災から16ヶ月あまりでほぼ例年通りの形に復活させました。

当団体はこの祭りを盛り上げるため、野馬追期間中の２０１２年7月22日から8日間、南相馬の市立中央図書館で『マンガ家・イラストレーター・アニメーターによる武者絵展』を開催し、30人を超える作家が参加、40点以上の多彩な作品が寄せられました。

里中満智子、牧野圭一、近藤ようこ、山田ゴロ、ビッグ錠といった高名なマンガ家に加え、著名なイラストレーターである加藤直之、岡田航也、井筒啓之、小塚類子などの各氏が参加しました。この武者絵をオークションにかけ、売上の全額は福島の復興に尽力している地元の支援団体『一般社団法人ホワイトトレイブン』に寄託し、支援が必要とされる被災地の個人、団体、活動に寄付されます」

本業を通じて子どもたちに夢を与えるのは、マンガ家の特権ではない。どんな仕事でも、それぞれの仕事現場で日々培ってきた独自の技術で子どもたちを喜ばせることができる。

山本さんが自分の仕事の価値を被災地の子どもたちに教えられたように、ボランティア現場ではふだんの仕事が他の業界の人にどう映るのかを知らされる。

自分や同業者にとって当たり前の職業技術は、その業界を知らない大人や子どもたちにとっては魔法使いの杖と同じ。

つまり、働いている人の誰もが、自分が無理なくできることで弱りきった人たちを救える力をもっているのだ。

あなたの魔法は何？

単行本として発売されたチャリティーコミック短編集『僕らの漫画』

第6章

脱原発

報道価値のあるデモへ洗練させること、原発利権企業の商品に対する不買運動、自然エネルギーの市場を広げること、容認派議員への落選運動。「脱原発」は誰もが簡単にできる方法によって実現する。

38

デモの効果を最大化する

行けない人を日常的に味方にする発想

福島の原発事故以来、東京では反原発デモに集まる人が増えた。

しかし、大勢が集まるだけでは原発のない世界は作れない。

『男一匹ガキ大将』(本宮ひろ志作)というマンガに、こんなシーンがある。

富士山の裾野に全国からガキ大将が集まり、主人公1人と1万5000人の大群を率いた番長が向かい合う。番長に対して、主人公はいう。

「これだけの人数を集めといて、何をする気だ? 俺をやっつけるなら今すぐできる。その前にみんな、足元の草をとってみろ!」

一斉に雑草が抜かれた。すると種を植えれば見事な農地になる大地が広がった。

人を集める以上、その行動によって何が変わるのかをはっきり見せないと、デモに参加し続ける理由が共有できない。国民全体の中では圧倒的に多数派である「デモに行けない人」たちを味方にすることを戦略として意識しない社会運動は、ことごとく負け犬の遠吠えになった。それが歴史的教訓だ。

国民と広く連帯し、脱原発の世論を形成していくには、脱原発を支持することによる具体的なメリットを豊かに提供していく必要がある。

たとえば、毎週デモをやるなら、インターネット上から「みんなで帰りに飲食店へ行こう」と呼びかけておけば、大人数が常連になる店は「脱原発派はありがたい」と感じるだろう。各自がキャンドルを持参すれば、店は電気代を削減できるかもしれない。有志の幹事役が一つの店から試み、幹事役を増やしていけば、「環境にやさしい店ＭＡＰ」も作れる。

そういう確かな現実へつなげていけるなら全国各地のデモの良い見本になり、国民運動として発展しやすい。経済的に疲弊しがちな地方では、「何でもいいから地元に金が落ちる仕組みを増やしたい」と切実に望んでいる人も多い。

だから、デモで人がよそからたくさん集まり、脱原発Ｔシャツや「脱原発」の焼き印のある特産のスイーツなどが売れてくれれば、その分だけ地元の人は喜ぶはずだ。

そのようにデモ参加者が町おこしをやる人を応援すれば、原発のある町でも、原発に表向きは賛成する顔を見せながら、本心は「原発に依存するよりエコグッズを売ったほうが持続可能な暮らしになる」というぐあいに変わってくる。

非日常的に行われるデモ参加者の数を増やすより、デモに行けない多数派と脱原発のメリットを共有して一蓮托生の関係を築けば、日常的に誰もが脱原発を支持しやすくなるのだ。

39 報道価値をふまえる

マスメディアを味方にする広報戦略

新聞やテレビなどのマスメディアは、三つの条件を満たした対象を取材する。

一つ目は、社会性（公益性）。より多くの人にとって有益かつ正確な情報を優先的かつ迅速に提供することだ。二つ目は、時事性。社会性のある事件・現象の中でも、大衆が関心をもっている旬の話題に関係するネタを扱う。たとえば、毎年7月には自殺や家出の統計が警察から発表されるので、その数字を受けて記事や番組を作る。

三つ目は、革新性（事件性）。犬が人に噛みついてもニュースにならないが、人が犬に噛みつけばニュースになる。従来にない画期的な事件・現象がおこれば、記者は現場に飛んで取材せざるを得ない。みんなのためになる目新しい情報をタイムリーに提供することが記者の仕事だ。番組や記事に取り上げてほしいなら、原則的に報道価値の三条件を満たす活動に刷新する必要がある。

3・11から2年以内の反原発デモは、1960年代のデモのように特定の組織が大人数をまとめて動員したのでなく、個人的な参加者が増えたという新しさがあった。

脱原発＝自然エネルギーへの関心の高まりには社会性があり、放射能汚染に多くの人が不安を覚え始めた時期のデモという時事性もあった。だから一時的には報じられたが、その後の活動には目新しいものはなく、報道価値がほとんど見られなくなった。

反原発の活動家は、有名人を招くくらいしか記者の関心を引く方法を知らないのではないか。誰もがアッと驚く人選をしてほしい。

日本政府は外圧に弱いから、集会に100ヶ国の議員やNGOの代表者が並んでもいい。3・11後に出産した女性たちが赤ちゃんを抱きながら100組も集まって被曝の不安を述べ、街を歩けば、記者は撮影やインタビューがしやすい。

原発関連グループの企業名を家族みんなでプラカードに掲げながら「もう○○の商品は買わない」と叫ぶようすをUstreamで中継したり、節電や非電化の知恵をシェアするセミナーを開催してもいい。こうした目を引くアクションを三つ以上行い、毎回継続し、新しい趣向のアクションを増やしていく。

そして、新聞や雑誌の記者、テレビディレクター、ドキュメンタリー作家、アルファブロガーなどを味方にし、事前に新聞社やニュース番組の公式サイトからメールでプレスリリースを送っておけば、彼らは「従来の反原発活動の様相とはまるで違うぞ」と気づき、脱原発へのうねりが報じられる大きな一歩になる。

40 不買運動を広げる

原発で儲ける企業グループの商品をボイコット

毎日新聞社は、オイルショックと記者の不始末によって1975年に経営危機に陥った。記者が公務員の女性との不倫で沖縄返還協定の密約の機密情報を入手した取材のあり方が発覚、読者から非難の声が高まり、草の根的な不買運動が広まったためだ。

今日ではインターネット上で不買運動への共感がじわじわと広がり、カリスマ的存在の有名人が不買に好意的な意見を示せば、Facebookやtwitterなどのソーシャルメディアによって世論が一気に不買運動へ傾くこともありうる。

反原発デモの参加者数も、インターネット上の呼びかけから万単位になった。

水面下で進む草の根の不買運動も、空気を支配してしまえば、原発利権企業の社員は自社や自分の仕事を家族にも誰にも誇れず、優秀な人材ほど自主的に退社していくだろう。

インターネットで醸成された世論は、外国にも容易に広く速く飛び火する。

環境保護団体の国際的なネットワークの中で「家電や車で親しみのある日本企業の中に原発利権企業がある」という知識が共有されれば、ヒロシマ・ナガサキ・フクシマの3度の核の脅威から学ばない日本政府に対する怒りや反発が喚起され、どんなに品質が良い製品でも外国の消費者は拒否するかもしれない。

こうしたムーブメントが世界中で浸透していけば、日本の大企業のいくつかに大打撃を与え、リストラが増えたり、法人税の歳入が減るなど、日本自身の首を絞める結果をもたらしかねない。だから今日の不買運動は標的を少数に特定し、日本企業全体に被害が拡大しないよう、極めて慎重に進める必要がある。

2011年5月7日、東京・渋谷の代々木公園で行われた「原発やめろデモ」の集会で、社会学者の宮台真司さんはこう演説した。

「議員、労働組合員、電力総連、電機労連の連中にとっては、こんなデモは痛くもかゆくもない。彼らにとって何が一番痛いかといえば、落選運動。原発に対してどういうスタンスをとるのかによって投票が決まるという落選運動は、彼らにとって決定的に怖い。

そして、東電に原発を納入している日立・東芝・三菱、こうした企業の製品に対する不買運動。企業は儲かると思うから原発をやっている。原発は儲からない、原発をやってると自分たちの商売が上がったりになると思ったら、必ずやめます」

日立・東芝・三菱の3社は、それぞれ企業グループの一部に原子力発電所の製造・保守・運用を受注する事業体をもち、国内外から利益を得ている。

2011年3月の大震災直前、東芝の村岡富美雄副社長は「原発事業全体で毎年100～150億円の利益が積み上がっている」と発言し、『週刊ダイヤモンド』は「売上高は目標として掲げた1兆円を2年前倒しの2014年3月期には達成する見通し」と報じた。東芝グループ全体の利益高は、2011年度で6兆1003億円。この数字を維持できても、原発事業の売上高は全体の6分の1程度だ。

しかも、原発の事故以来、世界の原発市場は一変。新規計画のキャンセルや見直しが相次いだほか、東芝がアメリカの原発設備大手ウェスチングハウス・エレクトリックの株式を追加で買い取ったことで東芝の株は急落した。ビジネスジャーナル（2012年9月16日付）は、重電担当の証券アナリストのコメントとして「経営上のリスクを考えたら原発の比重を下げざるを得ないだろう。近い将来、原発事業から撤退するところが出てきても何ら不思議ではない」と紹介した。

2012年6月14日付のロイターの記事では、日立製作所は2020年度の原子力事業の売上高を3600億円に増やす計画とか。

日立グループ全体の連結売上高は2012年3月期で9兆6658億円。この数字を維持できても、グループ全体における原発事業の売上高は4％未満だ。

三菱財閥グループの中核をなす三菱重工グループの売上高は年間3兆円前後。その中で電力システム事業の売上高は、12年3月期で9553億円。これは火力発電などの他の事業も含めた数字なので、原子力事業はもっと少ない。

「世界の原子力関連の主力5社のうち、日本勢が東芝、日立、三菱重工。世界で戦うには1社に集約しなければ勝ち目がない」（ビジネスジャーナル、2012年12月6日付）

3社は、国内では事故の影響で売れなくなった原発を、安全技術を見込んで外国に売ることで生き残ろうと必死だ。同じ機能・属性の製品なら、なるべく他社製品を選ぶなどして、不買運動を浸透させれば、被爆国に住む日本人が放射能を世界中に撒き散らすような愚行は防げる。

このように企業に対して問題を改善させる市民活動家の事例は日に日に増えている。NPO法人動物実験の廃止を求める会（JAVA）は、「トップメーカーを動かせば、2位以下の企業も動く」という読みから2009年以降、資生堂を標的にして署名運動を展開した。

当初はこれを無視していた資生堂も、2010年からは専門家を集めた動物実験問題の「円卓会議」にJAVAを呼び、2013年2月に「化粧品の動物実験を2013年4月から原則廃止する」と発表した（オルタナ編集長・森摂さんの記事から）。

こうした成功事例をより多く学ぶことが、脱原発の活動にも求められている。

41 脱原発の市場を活性化させる

省電力・非電化・自家発電で変わる世界

原発を稼働させればさせるほど、使用済み核燃料は増え続け、それを置く場所も増え続ける。その分だけ誰も住めない土地が広がり、放射能汚染によって自国の領土を破壊していくという深刻な問題を次世代まで延々と残してしまう。

原発事故がおこれば、補償費用は税金として国民の負担になる。国債という借金で赤字を埋めている日本では、原発稼働による事故の危険性を温存すれば、安全対策も含めてさらに借金を国民に強いることになる。

放射能汚染で立入禁止になった町の人の中には、一家離散を余儀なくされたり、自殺した方もいる。しかし、国民の多くは、「うちの町にも原発事故はおこるかも……」という不安が高じれば高じるほど「自分だけ悩んでも現実は変わらない」と思考を停止し、「事故は永遠におきない」と認知することで安心しようとする。

原発が建てられた地域は、その町の人だけでは経済活性が難しいという事情を抱えていた。町を存続させていくには原発による雇用を必要とし、国策だった原発を導入すれば、莫大な金が国から町にもたらされた。そこには二つの問題があった。

経済活性の知恵と人材を政治家に任せきりにし、優秀な民間人を公募して経済を立て直すという発想が足りなかったこと。そして、「もう原発がそこにあるのだから仕方がない」と居心地の悪い現実に慣れてしまったことだ。

原発には他にも、数十年先には燃料のウランがなくなる問題や、定期点検や事故処理の現場では放射能汚染の危険度の高い仕事をやらせている問題もある。

危険な仕事をさせられている人には、低学歴やホームレス、在日外国人などふつうの仕事につくのが難しい人が少なくない。彼らは、危険度の高さとは釣り合わない低賃金を強いられている。

詳細は、『原発ジプシー』（堀江邦夫著、講談社文庫）を読んでみてほしい。原発作業員への給与は、電力会社からゼネコンや2次下請けへ流れ、3次下請け、4次下請け、5次下請け……と中間マージン（手数料）を次々に抜かれる。

福島第一原発の労働者が宿泊するいわき市議会議員の一人は、2011年8月4日、日弁連主催のイベント「原発労働問題シンポジウム」でこんな発表をした。

「東電からは労働者の日当が多い場合1人10万円ぐらい出ていますが、この重層的下請け構造の中で中間搾取され、4次、5次下請労働者で日当8000円ほどにされ、さらに末端の原発労働者では、私が知っている中で最も低い日当は6500円程度」

原発で働きたいなら、危険な作業について報道関係者に漏らすことを禁じる契約書へサインもさせられる。朝日新聞（2013年2月28日付）の記事によると、福島第一原発で事故後に働いた約2万1000人が浴びた放射線量について、東京電力は事故から2年近く経っても全国の原発作業員の被曝記録を一元的に管理する公益財団法人「放射線影響協会」にまったく提出していなかったという。

しかも、限界まで被曝したら解雇され、新たにべつの人を雇うため、被曝者は毎日増え続ける。あなたの使う電力のために、一部の人間が体を張って犠牲になる。それは戦争と同じ。原子力発電は、原子力の平和利用などではなかったのだ。

2013年3月19日時点でも、全国で運転中（発電中）の原発は関西電力の大飯3号・4号の2基だけ。他の48基は定期点検などの事情で停止中だ。

2012年5月には国内すべての原発が稼働を停止したが、致命的な電力不足には陥らなかった。計画停電をしたり、工場では夜間勤務にして、電力消費が同じ時間に集中しないように配慮しただけでもちこたえられた。

3・11以後、節電や発電のできる商品の市場拡大で電力需要は下がり、自力供給も増える一方だ。日本にも市民の力を結集して風力発電を実現している実績はあるし、那須にある非電化工房では電気を使わない掃除機や冷蔵庫などがオンラインショップで買える。

そのような消費が増え、市場が「脱原発のできる商品・サービスのほうが儲かる」ことを示せば、原発を稼働させる根拠は確実になくなるのだ。

エネルギーハーベストという技術も進みつつある。太陽光や照明光、人の声や機械などが発する振動、熱、電磁波など、身の回りにあるわずかなエネルギーを採取して発電する仕組みのことだ。これらが生み出す電力は小さいが、配線や電池、蓄電の不要な電力供給が構築できる。音力発電（神奈川県藤沢市）という会社は、指で押すだけで発電する電池のいらないリモコンや、人がその上を歩くだけで発電してLEDを光らせる発電床を開発した。

みんな電力（東京都港区）では、ケータイをつなげば充電できるハンディタイプの太陽光発電機「空野めぐみ」という製品を発売した。

通常では捨てられているエネルギーで発電できるだけでなく、電気を必要なときに必要なだけ生み出せるので、スイッチを押さないと照明が消えないというような無駄も防げる。

こうした小さい発電の仕組みが普及すれば、電力会社の作る電気への依存度も下がる。

自然や社会は常に不安定なものどうしを組み合わせながら工夫や努力を積み重ね続けてバランスを保とうとし、「ほぼ安定」を実現している。それでも人間は間違える。安心だけを求めれば、取り返しがつかない結果を招く。それが原発なのだ。

42 原発容認派を落選させる

立候補者たちへのインタビューを公開

国会議員の仕事は、法律を審議して作ること。

だから、「原発による電力は使わない」という法律も作れる。

だが、日本の議員にはそんな政治的決断のできる人材が乏しい。それでも政治によって脱原発を実現したいなら、選挙の際に脱原発を明言しない人や政党を落選させるしかない。

原発は既に多くの国民の命と健康、財産を奪った。この社会的責任を引き受けない政治家では困る。そこで、選挙前に立候補予定の方を集めるイベントを行うか、各自にインタビューして原発容認か脱原発かの2択を迫り、Ustream による生中継と編集なしのアーカイブを行って、意見の色分けを公開する。

電気代を安くできる発送電分離についての是非と、脱原発後のエネルギー対策も問うといい。具体的な提案ができず、理念だけならエネルギー対策に関心がない証だ。

立候補者と接触し、その人の考えを公開することは、学生でもできる。

ただし、選挙による変革は短期には望めない。投票率の落ち込みや年齢別人口比を見ても、年齢層が高くて保守的な国民の多さが有権者の少ない若い世代の変革の希望を潰している。そうした現実を直視すれば、市場原理を上手に使うほうが脱原発を実現しやすいのは明白だ。選挙で原発推進の自民党に投票した人でも、省電力の家電や太陽光パネルを喜んで買う。経済効率のほうが市民や企業にとって切実だから、電気代のかからないほうを選ぶのだ。それでも選挙での投票率を上げ、脱原発派を当選させたいなら、従来の「選挙に行こう」キャンペーンの活動を根本的に改善しないと無理だろう。

中高年以上の有権者に脱原発への理解を求めるなら、同じ学力の大学生どうしが都市部でつるみ合ってインターネット上でちまちまと呼びかけていても、らちが明かない。選挙戦と同じだけの戦略をもつ必要がある。既に組織票に組み込まれている有権者は脱原発集会には出ない。投票率を上げたいなら浮動票に訴えかけるしかない。

政治への関心が高い人にとって「想定外」の浮動票は、彼らがふだん関心を向けない障がい者やひきこもり、カフェ店員や風俗嬢の中にあるかもしれない。

一方、中高年以上に対しては、自分の両親や祖父母、親族、近隣住民などにも電話や手紙や対面で頼むようなドブ板選挙並みの泥臭い作業が必要だ。「孫がかわいいなら原発容認派には投票しないで」と本気で頭を下げないと、高齢者にはピンと来ない。

そうした労多い作業に、自分の時間や資産を投げ出せる覚悟があるだろうか？

43 上映会を開催する

代替エネルギーを紹介した映画『第4の革命』

世界でも福島の原発事故への関心は高く、脱原発に舵を切る国も増えている。

ドイツでは2022年までに国内すべての原発を停止することを決定した。

イタリアでは2011年6月に国民投票で投票者の94％が原発計画を再開しないと意思表示し、脱原発を決定。スイスでも同年5月、世論調査で「将来的に脱原発」に87％が賛同、段階的に廃止して2034年に全廃すると決定。シンガポールも2012年10月に「原発の技術は国内での利用にいまだ適していない」として当面見送る方針を決めた。

アメリカでも、電力大手デューク・エナジーが2013年2月5日、「運転コスト面で採算が合わなくなった」としてフロリダ州のクリスタル・リバー原発を廃炉にすると発表した。

新型天然ガス「シェールガス」の生産が急増してエネルギー価格を押し下げているためだが、これによって原発のコスト競争力が低下。原発の停止や計画中止が相次いでいる（共同通信、同年2月6日付より）。

電力の75％以上を原発に依存し、58基の原発のうち20基近くが稼働30年を超えているフランスでは、2013年3月9日にパリで「フクシマを二度とおこすな」をスローガンに「人間の鎖」をつなぐ行動が取り組まれ、主催者発表で2万人が参加した（しんぶん赤旗、同年3月11日付より）。

日本による初の原発輸出事業が進むベトナムでは、2012年7月、著名な古典音楽史研究家のグエン・スアン・ジエンさんが「壊滅的な事故で日本は原発を全て停止させたのに、それを輸出するのは無責任で不道徳」と書いた抗議文書とブログで募った署名を野田佳彦首相宛てで日本大使館に郵送した。その後、グエンさんはハノイ市当局に呼び出され、文書が削除されるというきな臭い事件もおこっている（東京新聞、同年7月12日付より）。

原発にとって代わるエネルギーに対する関心は、日本人の間でも高まってきた。ただし、福島の原発事故から2年以上が経過しても、政府・自民党は国策として「脱原発」を明言していない。そんな状況を180度変えたいなら、前述したメディア戦略・不買運動・脱原発市場の活性化・落選運動の四つを促進していく必要がある。

そのためには、原発やそれにとって代わるエネルギーの現況について気軽に学べるチャンスをもっと増やしていく必要があるだろう。

原発に関する情報なら、本を読めばいくらでも知ることができる。だが、原発事故によって実際にどんな被害に遭い、それによってどんな悲しみや怒りを味わうことになるのかという情感をシミュレーションしたいなら、事故直後から福島の避難区域を取材して得たエピソードをドラマ化した映画『希望の国』（脚本／監督・園子温）を観てほしい。

また、2010年にドイツで最も観られ、その後のドイツのエネルギー政策に影響を与えたドキュメンタリー映画『第4の革命　エネルギー・デモクラシー』（監督：カール・A・フェヒナー）も観ておきたい。これから30年以内に100％再生可能エネルギーへのエネルギーシフトが可能だということを、著名な環境活動家やノーベル賞受賞者、政治家らによってさまざまな角度から分析し、紹介している。

爆発的な風力発電導入を実現したドイツの1990年の電力買い取り法、そして2000年にドイツで制定され、太陽光発電の導入の起爆剤となった再生可能エネルギー法。この二つの法律を制定させた中心人物であるヘルマン・シェーア氏の提案によって、ドイツ、デンマーク、ノルウェー、フランス、スペイン、マリ、バングラデシュ、アメリカ、ブラジル、中国でロケし、4年がかりで完成させた記録映画だ。

この映画の公式サイトでは上映会の開催を申し込める。この本の巻末にある筆者の公式サイトでも、上映会や集客・宣伝の方法などの相談を受け付けている。DVDなのでカフェや学校、会社や市民ホール、公民館、集会場、ホテルなど、どこでも簡単に上映できる。

第7章

ソーシャルビジネス

社会問題の解決は、無償では続けられない。そこで、一刻も早く問題に苦しんでいる人たちを救うことを目的にして新たな解決の仕組みを作り出し、活動費を賄うためにビジネスを手段にする働き方が求められている。

44 格安のかつらで闘病者の自由を守るPeer

なければ作る

佐藤真琴さんは、静岡県浜松市で小さな美容室を営む株式会社Peer（ピア）の代表者だ。他の美容室と違うのは、客のほとんどが女性のがん患者で、プライバシー保護のために予約制であるという点だ。

佐藤さんは人の役に立つ仕事がしたくて、25歳で看護学校に入った。その研修で51歳の女性の末期がん患者と出会った。彼女は月に150万円もの医療費を払いながら孤独な入院生活を余儀なくされていた。抗がん剤で全身の毛が抜け、髪のない頭。ステロイド剤でむくれた顔。「私、これじゃ宇宙人よね。外に出れない」といった。

佐藤さんはかつらのパンフレットを探して渡した。だが、保険や定期預金を解約し、娘や息子の結婚費用として貯蓄していたお金さえ治療に費やし、いつ死ぬかもわからない。そんな患者にとって、自分のためだけに買うにはかつらはあまりに高額だった。

結局、その女性は「自分のためにもう大きなお金は使えない。かつらはあきらめる」といい残し、退院後は自宅に引きこもったまま亡くなってしまった。そうした経験から、佐藤さんは「かつらってホントはもっと安く作れるんじゃないか」と考えた。そして、人毛ウイッグを製造している中国・青島《チンタオ》の工場を探し出した。

中国に何のツテもない佐藤さんは、英語のウェブサイトをもっている中国のかつらメーカーに片っ端から英語で「小ロットで売ってほしい」とメールを出した。200社に送り、半分の約100社から返事が来たが、どこも答えは「NO」。

それでも40社ほどとメールのやり取りを続け、青島の工場に乗り込んだ。「自分は中国語が話せない」と気づいたのは空港に降り立ったときだった。それでもOEM供給にこぎつけ、1枚約5万円という破格の値段でかつらを提供し、伸びる自毛と合わせてカットやパーマなども施せる専門美容室を2003年に起業することができた。

2013年3月時点で、スタッフは7名。北は青森から南は鹿児島まで全国17の美容室・病院内売店と連携し、浜松と同様のサービスを提供できるようにした。

「人口80万人の浜松市には毎年500人を超える乳がんの患者さんが新たに生まれていて、がんは10年以内に約50％が再発します。うちの店に10人の患者さんがいると、10年以内に5人がリピーターになる計算です。

これはニッチですが、私たちはどこに・どんな・どのくらいのニーズが存在するのかを確実に知っているので、浜松市と近隣エリアの患者さんのカバー率はほぼ100％。きちんと

した数を知っていれば、必ず商売は成り立つのです」（佐藤さん）

　起業当時、「東京でやったら?」とよくいわれた。しかし、佐藤さんは「地方で事業が可能ならどこの地方でも可能。そのほうがより多くの患者さんのニーズに応えられる」と考えたそうだ。そうした発想を含め、同社の事業スタイルには、営利よりも問題解決を優先するソーシャルビジネスらしいポイントがいくつも発見できる。

　まず、ピアの収益は、かつらの代金、カット&パーマなどのサービス料金、汗取り帽子やヘアケア製品、テープなどの商品代金のみ。相談・試着・見学はいつでも無料だ。

　予備用の2枚めのかつらを買い求める客に対し、「自毛だと取り替えたりはしないでしょ。1年に1枚で十分ですよ」と財布の口を締めるようなことも話す。

　ピアはがん患者向けだけではなく、脱毛症や原因不明の薄毛の方向けにも脱毛している時期に役に立つかつらを作っており、既に使っているかつらの修理やメンテナンス（人毛製品のみ）も受注し、通販にも対応している。

　事業提携を求めてくる美容室や病院に対してはウェブサイト上で「利益第一はご遠慮ください」というフレーズを掲げ、かつらを売ることに固執していない。がん患者どうしによる「がん友」を作るために茶話会も開催。6人くらいで集まって雑談しながらハンドケアなどを学べる勉強会を、美容室を休みにしてやっている。

そして、病院・医療チームや家族・会社などの仲間、店・公共サービスなどを含めた地域全体を総合病院に見立て、患者を中心とした周囲の地域資源を活用したいと考えている。

「がんは60歳を超えると死亡曲線が上がりますが、がんになると、がんとともに人生が続いていくことになるので、ずっと入院しているわけにもいきません。治療の途中で不便になるようなことを解決するサービスや地域資源を増やしていく必要があります。

私たちが困りごとに応えていけば、患者のQOLも良くなる。患者本人がやる気になると医療チームも治療成果を上げられます。だから、髪の毛が抜けていることが課題なのではなく、髪の毛が抜ける状況になった人生のある一時期の困りごと自体が課題だととらえ、患者さんがそれを乗り越えられるようにサポートをしています」（佐藤さん）

病気が無ければ続いていた日常を、患者になってもいかに継続できるか。そうした課題を解決するために、地域や他の組織との連携も広げる。そこに、金を出す人だけを相手にする「B to C」（個人向け）や「B to B」（法人向け）の発想で終わらない「B to S」（社会向け）の発想がある。それがソーシャルビジネスなのだ。

佐藤さんが看護学校で気づいたのは、病院に入院した途端、「名前のある個人」が「患者」として院内ルールに基づく規制の中で暮らさなければならない不自由さだった。治療のための行動制限は仕方ないが、「頭髪がまったく無くなってしまうと外出できない」などの困りごとは生じる。それを「病人だから」とガマンを強いられるだけでは、誰にとってもつらいものだろう。佐藤さんはいう。

「治療に対する医者と患者の評価視点は違います。医療を受けた個人のＱＯＬは、それぞれ主観的な満足で評価されるので、それを下げない支援をしています」

患者が外出できるようにサポートすれば、患者は自分の行動を選べるのだ。

「患者自身が選べる人生を作れるなら作ってみたいと思ったんです。創業してから5年ほどずっと末期がん患者だった彼女の夢ばかり見てました。夜中に目が覚め、『あの頃の彼女に今の自分は応えられているだろうか』と自分を責めることもありました」

この佐藤さんの言葉は、医療の分野だけでなく、多くの専門家が自分の職域にしか関心がないために消費者に不安や不満が少なからず生まれることを示唆している。

それに気づかず、「専門外」のことを「関心外」にしたまま消費者をただの「お金を払う人」としてしか認知できないからこそ、多くの人が「社会的弱者」になってしまうのだ。

社会的弱者を作り出しているのは、自分の職域外に対する無関心である。

消費者は「お金を払う人」としてだけ生きているのではない。「名前のある個人」であり、誰もが「市民」としての当たり前の自由を享受したいと願っている。その自由には、それぞれ個人的な尊厳に基づいた満足度のものさしがある。

だから、「消費者」という視点だけでは見過ごされる個別の不安や不満に対して解決できる仕組みを作ることが、誰にとっても安心を生むビジネスになる。それを理解しているなら、当事者負担が大きくない値付け（価格設定）を考えることになるし、ピアが茶話会の開催などの非営利活動に取り組んでいることの重要性にもピンと来るはずだ。

ピアでは、地域の患者会などの開催情報からふつうのお店で買える使い勝手のいい下着の選び方まで、闘病中の当事者に役立つ情報も無料で提供中だ。

「いつ頃から髪が抜けてくるか、生えてくるかの予測を一緒に立て、その間の日常をどうやって楽に過ごすかを考えるのも得意技」と、佐藤さんはいう。

社会の多数派が関心をもたないために不当なガマンを強いられている人の苦しみを取り除くことを目的に革新的な解決の仕組みを作り出し、持続的に活動していくためにかかる人件費などの費用を収益事業によって賄う事業を、「ソーシャルビジネス」という（ピアは2009年に経産省の「ソーシャルビジネス55選」に選出された）。

ソーシャルビジネスは既に世界中で試みられている新しい働き方だ。

詳細は、拙著『社会起業家に学べ！』（アスキー新書）を読まれたい。

苦しんでいる人をより早く、より多く、より確実に救うには、毎日の仕事を通じて解決事業を持続可能にするソーシャルビジネスが、現時点では最良の方法だろう。

45 当事者負担を0円にする

手話通訳を社会に広めるShuR

日本全国で約36万人いるろう者と聴者が会話するには、手話通訳者が必要だ。神奈川県藤沢市の慶應義塾大学SFC（湘南藤沢キャンパス）に事務所を構える株式会社シュアール（ShuR）では、法人向けにFacetimeやSkypeによるビデオチャットを使った遠隔手話通訳サービス「テルテルコンシェルジュ」を提供している。

聴覚障がい者からの依頼に応じて、朝9時から夜5時まで365日、コールセンターに待機中の通訳者が情報端末の画面から機動的に日本語・手話の両方を通訳してくれるのだ。

店舗などにiPad 2、iPhone 4、iPod Touch（第4世代以降）などの情報端末を設置し、専用アプリをダウンロードしてサービスを導入すれば、新規顧客の開拓や常連化を見込める。このサービスは、手話だけでなく、英語・中国語・韓国語にも対応しており（3言語を担当する会社とIT企業とシュアールの提携事業）、初期費用2万円と月額1万9000円の年間契約で導入できる（更新料別）。

岩手県の盛岡市役所が50台を導入し、市内の各施設に設置したほか、地下鉄やホテルチェーンなどにも導入され、2013年3月末には北海道から九州まで契約は350台を突破。

「たとえば、靴店から『彼氏にプレゼントしたいので流行の靴を教えてください』という通訳の依頼がありました。ろう者が端末画面のコールセンターのスタッフに手話で伝え、それを見たスタッフが画面から店員に日本語で伝えると、『青のスポーツシューズが流行ってる』という助言をもらえました。それまでろう者は店員に指でサイズを教えて色を選んで終わりでした。店員にとって、ほんとのサービスはそこじゃないですよね。流行りや好みを伝え合って選ぶのがふつう。僕らは、僕らにとってふつうのことをろう者にとっても当たり前にできるようにしたい」（シュアール代表・大木洵人さん）

シュアールでは、「モバイルサイン」という手話だけの通訳サービス事業も独自に行っている。手話では込み入った話を聴者へ伝えにくく、ろう者は銀行窓口でのやり取りや飲食店・コンビニなどで細かい注文ができなかった。だから、大木さんはろう者が日常的にどこでも会話に困らない社会に変えようとしたのだ。

「手話通訳者には家を出てから帰るまでのお金がかかりますが、それが4時間でも実際に手話を使う場面は30分かもしれない。ろう者の平均年収は100万円台なので、当事者負担が大きすぎます。通訳サービスにある無駄な出費を抑えたい。情報端末を使えば、必要なときにだけ手話を提供でき、もっと安く済むと考えました」（大木さん）

そこで、2011年2月にSkypeによる遠隔手話サービスを実用化した。東日本大震災の後、共同募金の助成金によって、岩手・福島・宮城の被災者や被災地ボランティア、避難者のろう者に2012年3月末まで無償で提供できたのだ。

大木さんは14歳の頃にNHKのテレビ番組の手話講座を見て、「この先は行き止まりです」という動作に「面白い言語だな」と感じた。そして、大学進学後に手話サークルを立ち上げた。すると、友人から「紅白歌合戦に出ないか？」と誘われた。

「一青窈さんのバックで『ハナミズキ』の詞を通訳した手話で歌う仕事で、サークルで出演しました。すると、山口県から手話コーラスの出演依頼があったり、プロモーションビデオの依頼をいただいたり……。ろう者向けの娯楽は、NHKの手話ニュース、勇気づけるドキュメンタリー、政見放送ぐらいで、お笑い番組もない。たまに民放のテレビドラマで手話を使うキャラが出る程度。でも、ろう者には面白くなさそうでした」

2年生になってからは学生サークルと切り離した組織として「手話ネット」（現「学生団体リンクサイン」）を新たに立ち上げ、ポッドキャストで手話による娯楽番組を制作した。行き当たりばったりのようすを手話で伝える旅番組なら作れると思ったのだ。

「それまでろう者の方に会ったことがなかったのですが、手話が完璧にできる人を探したら、手話の劇団をやったことがある聴覚障がい者の方と出会えて、学校のビデオカメラを借りて広島や山口などでロケしました。ろう者と一緒に動くと、彼らの日常的な不便に何度も気づかされました。

新幹線に乗るときも、自動券売機では障がい者割引ができません。駅員に尋ねたいのに駅員は手話ができず、筆談を求めて紙を差し出しても『無理』と書かれてしまう。後ろに並んでる客もイライラする。これは変えないといけない。

でも、そんな不便をいちいち解決していこうとすれば、ボランティアでは厳しく、フルタイムで向き合うしかない。だったら、生活費の心配がない学生時代に起業し、卒業後は専従できるようにしようと、２００８年11月にＮＰＯと株式会社の二つの法人を立ち上げました。それが、現在のシュアールです。

シュアールのミッション（事業目的）は、ろう者が夢をあきらめないで済む社会を作り、ろう者と聴者が対等になること。ろう者の議員は日本では歴史上、町議会議員に1名だけ。もっと増えていいはず。当事者にはもっと夢を見てほしい。僕らのサービスを使うことで『○○さんみたいなろう者になりたい』と思えるような人材を育てたい」

同社は、手話だけでなく他の言語による通訳もサービスに盛り込むことで、在日外国人の不便も解消することを考えた。自分の問題だけを見ず、同じ不便を感じる人どうしが手を組めば、市場は広がり、困っている当事者の負担0円で問題を解決できるのだ。

46

みんなの困りごととリンクさせる

ホームレスを自立させる Homedoor

川口加奈さんは中学2年生だった頃、釜ヶ崎あいりん地区のある駅を利用していた。周囲の大人たちから「あのおっちゃんたちに近づくな」といわれた。「日本は豊かなのになぜホームレスがたくさんいるの？」と思った彼女は、炊き出しに参加してみた。「勉強しないから仕事にあぶれたんだろう」と思っていたら、勉強したくてもできない家環境で育った人が多く、全労働者の約3割が非正規雇用で働いているという仕組みも路上生活者になる一因だとわかった。企業は賃金の安い労働者を雇ったり外したりすることで、商品を作る原価と売値を安定させてきた。そうした仕組みの恩恵を受けていたのは消費者の自分たちなのに、ホームレスの問題には「自業自得だ」と偏見をもちがちだ。

川口さんはそんな自分が悔しくて、事情を知ったからには何かしたいと思った。

「全校集会でホームレスに関する作文を読んだり、新聞を作って校内で配布する機会を作ってもらいました。その頃から月1回の夜回りに参加してます。高校ではボランティア部に所属し、他の七つの学校のボランティア部にも呼びかけて自分で作った釜ヶ崎マップを基に2

泊3日のワークショップを行ったり、ホームレス支援者のお話を聞いたり、お米ＢＯＸという箱を校内に配置して炊き出しをしている団体に届けました」

でも、炊き出しや夜回りを続けているだけではホームレスの境遇を改善するのがせいぜい。死んでいくおっちゃんの数は変わらない。そんな状況を不甲斐なく感じた川口さんはホームレスにならずに済む仕組みを作り出したいと思い、この問題を研究したくて大阪市立大学に入った。ホームレスを研究する先生が多く、授業もあったからだ。

そして、２０１０年4月、学生を中心にＮＰＯ法人 Homedoor（ホームドア）を結成。８月にホームレス・生活保護受給者を対象にした喫茶事業「ココモーニング」を、12月にあいりん地区街歩き・炊出しイベント「釜 Meets」事業も始めた。

これはホームレス問題やあいりん地区のことを正確に知ってもらうきっかけを作るために開催し、大学生・中高生向けの教育コンテンツとして1回3～5万円を学校からもらっている。個人参加の場合、1名あたり高校生未満は１０００円、大学生は１５００円、一般市民なら２０００円の参加費になる。参加者は「テレビでは見ることのできない部分もあった」「見て見ぬ振りはできない問題」などの感想を寄せた。

一方、「HUBchari」（ハブチャリ）という事業にも取り組み始めた。

「大阪市のホームレスの人数は２０１１年度で２１７１名。８年前は６６０３名でした。減ったのは生活保護が受給できるようになったためですが、稼働能力があっても自立できない受給者が約15万人もいます（2011年6月時点）。受給できても孤独や罪悪感に苛《さいな》まれ、ギャンブルに走る人もおり、その状況を打破できる支援がなされていません。

ホームレスの約3割には生活保護を受給していた経験がありますが、『国の世話になりたくない』『自己破産しているから働けるうちはがんばる』と彼らはいうのです。あいりん地区では生活保護を受給するとホームレスどうしの間で『あいつ福祉とったんや。なまけよったで』と差別されてしまうことも。ホームレス1人あたりの友達は平均3人。新しい人間関係も作りにくく、生活保護を受給しても孤立死につながりかねないんですね。

彼らが孤立せず、生活保護に頼り切りにもならず自分らしく生きがいをもって生きていただくには、社会の役に立つと実感できる仕事が必要です。ココモーニングで40名のおっちゃんたちに聞いたら、32名が『簡単な自転車修理ならできる』と」

そこで、放置自転車を回収・修理して再利用し、市内で乗り捨て可能なレンタサイクル事業を2012年4月から始めた。ビルなどの軒先のデッドスペースを拠点として使わせてもらい、どの拠点でも自転車を安く借りられて、返せるようにしたのだ。

自転車なら電車では行きにくい場所にも行ける。観光客は街を自由に回れるし、地元住民には日常的に便利な移動の足になる。

「この仕事では元ホームレスや生活保護を受けられている方が月2〜8万円分働くことができます。週1日4時間から始められるので、この労働時間を増やすことによってフルタイムで入れる次の仕事につく意欲を見出してもらえます。2017年までに大阪市内のホームレスの4分の1に相当する500人を自立につなげていきたい」

「ホームレス問題の解決に協力して」という訴えには人々の関心が薄かった。だが、みんなが困っていた自転車の放置には商店会長など地域の有力者が協力し、積水ハウス、大阪ガス、東急インなどが常設拠点になった。2012年度は大阪市住吉区の協働事業として採択された。多様な市民と手を組めば、学生でもホームレスのいない世界は作れるのだ。

HUBchari 事業で仕事に従事する元ホームレスの男性

47 職業技術を教える

ネイルサロンで難民の自立を助けるArusha

東京の日比谷線・神谷町駅近くのマンションの一室に、相場の半額程度に安い料金のネイルサロンがある。株式会社アルーシャ（東京都港区）が運営する同店では、母国で暮らせず難民として来日した女性たちが働いている。同社の代表取締役・岩瀬香奈子さんが開いた。

岩瀬さんは2009年11月にNPO法人難民自立支援ネットワーク（REN）の代表と出会い、難民が経済的に自立できずにいる深刻さを初めて知った。

「難民の多くは日本語の読み書きもできず、フリガナを全部ふっても難しいため、昔は土木建築や皿洗い、掃除などの仕事をしていました。でも、機械が入ったり、日本人どうしでも仕事を取り合う時代になったため、多くはアルバイトで生計を立てていたので仕事もなくなり、日本語もおぼつかなくて精神病になっている人さえいます。職業技術の不足から正社員として働いている難民はほとんどいません」（岩瀬さん）

RENでは、難民の方に日本人支援者がビーズ織りの技術を教え、一緒にアクセサリーを作ってはバザーなどで販売していた。その売上から難民や難民認定申請者に製作料を支払うと同時に、収益をケニアのカクマ難民キャンプの難民が自ら発信するニュースレター「カネブ」の支援や、難民への奨学金に使い、難民の自助努力を応援していた。

だが、難民の方がアクセサリーを製作した時点でRENが買い上げるため、在庫が増えていく。販売チャンネルの少なさの問題もあり、難民1人あたりの月収は1〜2万円にすぎなかった。そこで岩瀬さんがもっと需要の大きいネイルサロンのビジネスを提案したところ、「岩瀬さんが難民に教えてあげてほしい」といわれた。

2009年3月時点で岩瀬さんはそれまで勤めていた外資系企業を退職し、アルーシャを立ち上げており、以前に付き合いのあったベンチャー企業から業務委託される形でコンサルタント業務を請け負っていた。時間の融通は利く。

「他にやる人もいなさそうだし、実業をやりたい気持ちもありました。目の前に自殺しかけている難民がいるなら、私が支援すればいい。ネイルサロンは収益率の高いビジネスだし、割と軽い気持ちで始めてみたんです」

それから岩瀬さんはネイルスクールに通い、知識と技術を身につけ、無料のネイル研修を受けたい人を難民支援のNPOなどに声をかけて募集した。

毎日5時間、3週間の研修に休みなく参加できることを応募条件としたが、ビルマ（ミャンマー）、タイ、アンゴラ、コンゴ、カメルーン、イランなどからの難民が集まった。平日でも時間があるのは、それだけ日本で仕事につくのが困難な人が少なからずいる証だ。

岩瀬さんは自分が習得したネイル施術のスキルを難民の女性たちに教え始め、2010年5月に天王洲アイルに初のネイルサロンを開店。「難民の経済的自立を支援する」という社会性の高い事業目的に共感したオーナーのおかげで部屋の家賃は免除され、道具などの諸経費は寄付金で賄えた。染料を入れるビンも再利用の空きボトルを使うなど切り詰めた。

「初期投資が不要なビジネスでないと、難民自身が自立できません。リスクは背負えないので人件費も時給ではなく、歩合制にしました。日本に来た当初は八畳一間に4人で住んでいた人もいます。うちで働いているミャンマー人も、1988年8月8日の全国的な反政府デモをきっかけに日本に来た人。当時20歳くらいで逃げてきたのです」

広告宣伝費は一切かけない。NHKのテレビ番組やジャパンタイムズなどの英語メディアに事業が取材されることで客がつき、ネイルを始めたいという難民も増えてきた。

店を神谷町に移す頃には、家賃も払えるようになった。ネイルの施術は予約制。午前11時から午後9時まで営業している。「2013年3月時点ではフルタイムで2人、パートで3人が働いてます。いつか銀座にも店を出したい」と岩瀬さんはいう。

客が増えれば、その分だけ働ける難民も増える。お客は、おしゃれなネイルをするだけで難民の自立を実現できる。だからといって、「いつまでに何人の難民を自立させるなどの数値目標は決めていません」という。

「大事なのは世界が平和になって彼らが母国へ戻れること。難民の方がいつか母国でビジネスができればいい。出社時間を間違えるだけでもビジネスが成立しない厳しい日本で独立するのは難しいかも。でも、祖国ならがんばればできるんじゃないかな」

ネイルの施術以外にも、自分が学んだ知識や技術を教えられる事業分野は多い。支援者が自ら学べば、仕事を教えられる。貧困は、支援者の方法によっては保存される。貧困は、金を渡すだけでは、貧困から自立できない。食料や支援者が当事者と同じ汗をかけば、世界は変えられる。

ネイルサロンでの施術のようす

48

ふつうの女の子に共感される

カワイイを社会へつなぐ Over the Rainbow

Social Fashion Design Studio（東京都目黒区）は、若い女性を対象にした古着ブランド「Over the Rainbow」を立ち上げ、インターネット通販をしている会社だ。

同社が扱っている古着は、アメリカのロサンゼルスで社会問題の解決活動を行っている七つのＮＰＯが運営するスリフトストアから直接買い付けたもの。

スリフトストアとは一般市民から寄付された古着や雑貨などを販売している店。売上は団体の活動資金になる。この店から仕入れれば、その街の問題解決を促進する。

「Over the Rainbow」のオンラインショップでは、商品の古着の画像に女性の名前がついている。画像をクリックして飛んだ先には、同社の取材によるその服のもち主だった女性の物語がイラストつきで紹介されている。たとえば、こんな感じだ。

「Ellen は26歳。職場で移民ゆえの人種差別を受けたが、自分の力でプロサーファーになることを通じて多くの同じ移民の子どもたちへ希望を示している」

ウェブサイトでは、こうしたマイノリティ差別だけでなく、ＡＩＤＳ感染拡大・児童虐待・女性の自立とDV・ホームレス問題・がん予防と患者のケアなど6分野の社会問題を扱っている。自分が好きなデザインの服を選ぶと、その服を着ていた女性が苦しむ社会問題の構造やどんなことが当事者に具体的におきているのか、問題の当事者と自分が出会ったとき（もしくは自分が当事者であるとき）にどう行動すれば解決できるのかを知ることができる。

若い女性の多くが日常的に関心のあるファッションを通じて自然に社会的課題に気づかせ、解決活動へのモチベーションを喚起することで課題を解決する担い手を増やしていくことが、同社の事業目的なのだ。

古着を可愛いと感じて購入したふつうの若い女性たちは、服についている物語に共感し、恋愛や仕事など自分の日常が前述した分野とつながっていることに気づき、社会問題に無関心だった自分こそが実は問題の当事者であることを発見する。

だから、Social Fashion Design Studioでは、気づきを得た女の子を具体的な活動につなげるため「ソーシャル投資事業」を並行して実施している。

彼女たちとスキルをもったビジネスパーソンや若手国会議員をマッチングさせ、資金、PR、チャレンジする機会、スキルを投資し、ソーシャルアクション（社会問題の解決行動）をライフスタイルに根付かせようとしているのだ。SEO対策をしなくとも同社のウェブサイトのPVは上がり、2013年2月末時点で2000人規模のコミュニティとなった。

彼女たちはそれぞれ社会を変える事業を立案・実行する。そのプロジェクトのマネジメント方法を恋愛など楽しくリアリティのある題材で学ぶワークショップなども開催。学習する機会やアドバイスをくれるプロフェッショナルと出会う機会も提供している。

「今後は一連の事業をパッケージ化し、フランチャイズでスケールアウトしていきたい」

そう話すのは、同社代表の佐野里佳子さん。神戸生まれで小学2年生のときに阪神・淡路大震災に遭い、市民どうしの助け合いの大事さを子どもながらに知った。

両親はファッションモデルで、父の仕事で小中学生の頃にインドネシアで過ごし、激しい貧富の差を目の当たりにした。アジア通貨危機をきっかけに発生したクーデターに巻き込まれ、命からがら帰国した経験から、社会問題を解決する志を抱くようになった。

帰国後、高校生になると、国際人権NGOアムネスティによって日本へ逃げて来た難民や難民申請者を支援した。だが、非営利組織の財政と広報手法に限界を痛感した。

広報イベントを開いても、もともと関心のある人しか来ない。「まったく関心のないふつうの人を巻き込んでいかないと社会は変わっていかないのでは」と考えた。

その後、慶應義塾大学SFC（湘南藤沢キャンパス）に進学して社会起業の経営を研究する一方、難民支援につながるチャーム（ペンダントトップ）のアクセサリーブランド運営を通じて消費者に難民問題を知らしめる取り組みも女子大生たちと試みた。

しかし、そこで「エシカル」のマーケットの小ささや、意識の高い女の子の一つの選択肢でしかないこと、そして「ふつうの女の子」にはハードルが高いことに気づいた。

卒業後は外資系コンサルティング会社で働き、アパレル企業でも海外事業などに従事。2011年8月に独立し、Social Fashion Studio を起業すると、佐野さんの社会を変えたい想いに共感した30人の仲間が事業に参加。資本金も調達できた。

「彼らに問題解決の当事者意識をもってもらうため、資金提供とともに仕事で使っているスキルの提供をお願いしました。経営コンサルタントに財務のシミュレーションをお願いしたり、ウェブエンジニアにはオンラインショップの運営を手伝ってもらうなどボランティアの力が大きく、創業以来、売上は大きく伸びています」（佐野さん）

制度や法律など社会の仕組みが良くないために、苦しんでいる人は少なくない。佐野さん自身、モヤモヤ病を患い、恋人に殴られても「自分がいけないのではないか」と自己評価を下げてしまったことがある。一般にはなじみのない病気を患うだけでも、ふつうの人は関心を寄せてくれず、マイノリティの孤独を味わうことになる。

少数派の負う「特殊な分野の苦しみ」は、自殺、原発避難、低学歴など無数にある。少数派の問題は政治だけでは満足に解決されない。だが、民間に解決の窓口があれば、生きていける希望が生まれる。それがソーシャルビジネスなのだ。

49

不当なガマンに気づく

トイレの位置をインターネット上で共有する Check

車椅子ユーザの高齢者・身体障がい者、ベビーカーで赤ちゃんと一緒に移動する母親、オストメイト（人工肛門の利用者）などには、共通の悩みがある。

彼らが安心して外出するには、多機能・多目的トイレが必要なのだ。

しかし、そうしたUD（ユニバーサルデザイン）トイレが外出先の目的地にあるかどうか、実際に当事者が使えるものなのか、そのトイレまでの導線がバリアフリーになっているのかについての情報は乏しい。当事者自身が旅先の行程を調べ、宿泊先に確認の連絡を入れない限り、その地へ旅することは困難だ。

だから、外出自体をあきらめてしまうし、遠方への旅行なら余計に難しくなる。

介護の必要な高齢者や車椅子ユーザは、旅行に行きたくても初めて行く場所には旅の途中での尿漏れに不安を感じ、旅の1週間前から水分を摂取しないように努めたり、宿に着くまでトイレをガマンするなど、外出を楽しめない。

2002年、ある青年が旅行代理店の営業マンとして旅行企画を担当していた。

ＵＤトイレがどこにあるかの情報を毎度調べなければいけない。かなりの手間だ。情報不足の上に、トイレの属性を確認する統一規格もなかった。そこで「インターネットで誰もが見られるトイレマップを作ろう」と考えた。その人が金子健二さんだ。

「一人でも車椅子を利用される方がおられるなら、トイレの問題がとても重要なテーマになるのに、車椅子に乗ったままでも使えるトイレがどこにあるのかがさっぱりわからない。会社にはいろいろな観光地についてのデータベースはあるけれど、トイレ情報はありません。観光協会に問い合わせても要領を得なかったんですね」（金子さん）

金子さんは２００４年に会社を辞め、転職してシステム開発会社に勤務しながらシステムを学び始めた。そこを２００６年９月に退社してからはボランティアプロジェクトとして任意団体Check A Toilet Projectを設立。「誰もが気兼ねなく外出できる社会を作る」というミッションをもった活動団体で、金子さんが代表者となった。

そして２００７年６月、ＵＤトイレマップの検索ウェブサイト「Check A Toilet」を開設した。

口コミ情報を基に全国のトイレマップを作れるだけでなく、トイレの所在地のほか、車椅子への対応や授乳室の有無も調べられる。２００８年１月にＮＰＯ法人Check として法人格を取得すると、３月には株式会社サイバーマップ・ジャパンから携帯サイトの開発支援を受け、「Check A Toilet モバイルβ版」として共同運営を開始した。

また、静岡県沼津市との協働プロジェクト「みんなでつくるユニバーサルデザイントイレマップ」を同年9月から開始。このプロジェクトによって行政内の多機能トイレ情報の一元化を図り、データの有効活用や課をまたがった連携を実現した。

さらに、民間の施設事業者に情報提供を呼びかけて沼津市内の多機能トイレ情報を集め、住みやすい街・安心して観光できる街として情報発信する活動も始めた。

2009年2月、株式会社 ACCESS と「Check A Toilet ウィジェット」を共同開発。同社が運営する「NetFront® Widgets」のコミュニティサイト上で情報提供を開始し、11月には Google マップに情報を提供し、Google マップから多機能トイレの情報が簡単に探せるようになった。住所や施設名、地名や駅名、郵便番号などに「トイレ」という一語を足して検索するだけで、最寄りのトイレの位置が瞬時に地図上に表示される。

2010年3月にはトータルナビゲーションサービス「NAVITIME」を提供する株式会社ナビタイムジャパンへ情報提供を開始。ナビタイムがKDDI株式会社と協業で提供中の「EZナビウォーク」「EZ助手席ナビ」からトイレを簡単に探せるようになった。

だが、UDトイレとはどんなものか、それが自分の住んでいる街のどこにあるかは、足で調べないとわからない。同年5月末、ソフトバンク本社の社員有志を募って障がい者と一緒に街を歩き、街のトイレ事情に気づき、iPhone アプリから地図に登録するというボランティアを行いながら、多機能トイレの必要性に気づくチャンスを作った。

ＪＴや明治安田生命なども、社内ボランティアが地域の社会貢献活動として同様のトイレチェックを実施した。関東学院大学では２０１０年10月に学生を対象とした「スマートフォンを使った社会貢献イベント」が開かれ、11月には「トレジャーハンティング in 姫路」というイベントを姫路観光コンベンションビューローと共催した。

「車椅子マークのトイレ探しを実際にしてみることで、高齢者・障がい者ばかりでなく、授乳や小さい子どもを連れた際のトイレ利用の不便さにも意識が向くと思う」（金子さん）

２０１３年２月末には約４万２２００点のトイレの位置情報がオンライン上に登録され、現在地から見てどのあたりにあるかわかるようになった。もっとも、ＵＤトイレは全国10万ヶ所にあると推計されている。まだまだ登録数が足りず、市民の協力が必要だ。

「ＵＤトイレがないと困るのは、車椅子ユーザの障がい者の方ばかりでなく、高齢化の時代では尿漏れを不安に感じている中高年以上の方々も該当します」

「Check A Toilet」は、スマートフォンからでも無料のアプリをダウンロードすれば、ＵＤトイレを発見した際に位置情報を簡単に登録できる。こうして気軽に社会貢献をする人が増えれば、老いたときに誰もが外出に困らない世界を作り出せるのだ。

50 経費0円で発想する

27都道府県で開催した社会起業支援サミット

ソーシャルビジネスには法人格が問われず、事業型NPOもあれば、社会福祉法人や一般社団法人、株式会社など多様にある。

今日では、若者が生まれ故郷を出て行くために進んでしまう地方の疲弊、公害を含む環境問題、医療費の高額化、仕事と子育てを両立させるための支援の不足、在日外国人問題など、多くの社会問題があなたの日常生活にもガマンや不便、不安を強いている。

だからソーシャルビジネスは既に世界中で試みられ、自社の儲けを優先しない新しい働き方として注目されているのだ。ところが、日本での認知度は低い。

経産省が2008年4月に発表したソーシャルビジネス研究会報告書によると、「ソーシャルビジネスの具体例を知っているか」という問いに対し、有効回答1000人のうち836人が「思いつかない」と答えた。約16％の日本人しか知らなかったのだ。そのこと自体が社会問題だと考えた筆者と仲間は、ボランティアを募り、行動をおこした。

同年7月、早稲田大学の大隈講堂の地下スペースで「社会起業支援サミット」というイベントを行ったのだ。これは、会場に300人の市民を動員し、全国から招いた社会起業家10団体から1団体あたり10分程度の事業説明を聞くというものだった。

ステージの大型スクリーンに活動状況や問題解決の仕組みを示す画像や映像、データなどを映すと同時に、ビデオ撮影を行い、YouTubeにそのようすを公開することで、会場に来られなかった人にも各団体の仕事の社会的意義を伝えられるようにした。

もっとも、誰も知らない社会起業家たちをゲストに招いても入場料はとれない。それなら0円で開催できる方法を考えようと思った。

広報では、公式サイトを作り、案内チラシをダウンロードできるようにした。紙チラシは大学に設置してあるタダコピ（0円で使えるコピー機）を使い、学生スタッフが自分の通学先で無理なく友人に配布した。

チラシは撒いた枚数の1％しか動員できない。スタッフが無駄な労力をかけなければ、その分だけ時間やお金の浪費を防げる。筆者は事前告知の記事を書いてもらえるように新聞記者や新聞社のウェブサイト担当者へ頼み、自分の連載する雑誌にも紹介記事を書いたほか、スタッフがブログやmixiなどのSNSでプレスリリースを発信した。

公式サイトからメール予約を受け付けたことで、「あと何人で満席」というデータが日々スタッフにシェアされ、選挙戦のように1人ずつ予約者数を増やしていった。

ゲストには、筆者が取材で知り合った社会起業家を招こうと考えた。だが、遠い地方から東京まで往復させる交通費はもちろん、謝礼も出せない。

そこで、現金にとって代わる価値を提供させてもらうことにした。

一つは、会場に新聞記者・テレビ番組ディレクター・雑誌ライターなどを招き、イベントの後で全国向けメディアに取材されるチャンスを作ること。ソーシャルビジネスには知名度がないのだから、報道関係者が関心をもてる事業説明ができれば、取材されるチャンスを作ることになる。それはゲストの団体のその後のビジネスにとって有益だ。

二つ目は、参加予約をした300人分の市民から名前とメールアドレスをゲストの社会起業家へ提供することを許可していただいた。

これにより、社会起業家がメールマガジンなどで新商品や活動状況を知らせることができるため、直接の顧客を増やすだけでなく、問題解決に関心をもつ人からさらなる共感を集めることができる。

三つ目は、あらかじめ会場付近に10ヶ所のカフェを予約しておき、イベント終了後に団体別にカフェに入ってもらい、自社に関心をもつ市民がより深い話のできるミーティングの機会を設けた。これにより、市民が自分の職業技術を通じてゲストの事業活動を手伝ったり、スタッフとして事業に参加するきっかけになる。

また、300人も入る会場はふつう0円では借りられないので、大学の施設を管理する方を探して交渉し、早大生もスタッフに入れることで大学主催という体裁にした。

以上の仕組みによって、授乳服の製造・販売を通じて産後の女性が自分らしく自由に過ごせるようにした茨城県つくば市のモーハウスや、完全自然放牧によって牛を牛らしく育てることで地域社会の持続的な発展を進める島根県邑南町のシックス・プロデュースなど10団体を招くことができ、300人の動員も達成できた。

この方法はどこの地方でも可能だ。そこで、2009年は「自分の地元の県内で活躍している社会起業家を探し、同様のイベントを開催しよう」とインターネット上から全国の大学生に呼びかけた。開催と動員に必要なマニュアルもインターネット上で無償配布した。すると、2010年までに北海道から鹿児島まで27都道府県の大学生たちによって「社会起業支援サミット in ○○」が開催できた。日本の半分以上のエリアで実現できたが、メールとSkypeで打ち合わせしたので通信費は0円。

経産省も同時期にソーシャルビジネスの認知度を上げるイベントを莫大な税金を使って各地で開催していた。だが、「社会起業支援サミット」の総動員数や費用対効果には遠く及ばなかった。

できない理由をあげつらうより、「それでも無理なくできる方法」をみんなで想像し、知恵を出し合えば、時間・資金・人材・ノウハウなどの課題はいくらでも解決できる。

ソーシャルビジネスは、社会問題という「みんなの困りごと」の解決に取り組んでいる。だから、誰もが解決を喜んでくれる当事者になる。それゆえに優秀なソーシャルビジネスを手がける組織には、事業に共感したボランティアスタッフが集まってきたり、資金提供者が現れたり、広く市民から寄付金も集まる。

あなたの勤務先には、無給でも働きたい人や自社に寄付をする人はいるだろうか？

それだけでも社会起業が従来の企業とは存在目的が異なることが理解できるはずだ。

ソーシャルビジネスのように公益に資する（＝誰もが喜んでくれる）仕事をしていると、スタッフだけではできないことがあったとき、それが容易にできる外部の人にためらわず協力を求めることができる。有名人や有力者が快く協力してくれることもある。

自社の利益のためでなく、社会問題に切実に苦しんでいる人を苦しみから解放する仕事なら、多くの人が力を貸してくれる。

そこまで世界は成熟してきたのだ。

参考資料一覧

第1章　日常的に世界を変えていく方法

■ CSR活動に参加する――NPOとの協働からコンパッションへ
グラミン・雪国まいたけ合弁会社設立
http://www.kyushu-u.ac.jp/pressrelease/2010/2010-10-13.pdf
「アショカ」との「STRATEGIC SUPPORT AGREEMENT」の締結について
http://www.mizuhobank.co.jp/company/release/2011/pdf/news110114_2.pdf

第4章　途上国支援

■ 地元の人の協力を得る――飲食店の水を募金に変えた女子高生
読売新聞2010年11月29日付
OBS大分放送オンラインニュース2012年12月28日付

第5章　被災者支援

■ 仲間を誘う――100万円以上を寄付した高校生
西日本新聞2011年3月31日付／タウンニュース2011年4月1日付／荘内日報2011年3月31日付／朝日新聞愛媛版2011年9月1日付／朝日新聞愛知版2011年9月2日付

■ 寄付を集める――参考書を集めて中高生に贈る大学生たち
朝日新聞宮城版2012年12月21日付

※筆者の公式サイトには、各章で紹介した団体や関連記事の詳細に関するリンク集があります（createmedia.co.jp）

あとがき

筆者は25歳のときに、広告業界の社員から独立して出版業界でフリーライターになった。30歳前後に児童虐待に関心をもち、家出を取材するうちに、家出できない若者に自傷癖や自殺志願が多いことから、15年ほど自殺未遂者への取材を続けた。

しかし、さまざまな要因が複雑にからみ合って自殺にまで追いつめられている人たちの苦しみに向き合う中で、社会に問題を提起するだけでは当事者の苦しみがいっこうに終わらず、彼らを支援する人たちも疲弊するばかりと気づいた。そして、報道という仕事の社会的価値は、むしろ社会問題を解決している事例を豊富に紹介することで、解決できないとあきらめてしまいがちな人に知恵と勇気を与えることだと悟った。

アメリカのピースワークスという社会的企業は、パレスチナ人が農園で生産したトマトペーストの原料をイスラエルの工場で加工し、アメリカなどで販売している。敵国どうしの市民を相互依存関係にもち込み、相手を攻撃すれば商品が作れず、自分の生活が危うくなることを知らしめ、両国間に平和を作り上げている。日本ではどうか。

経産省が２００９年度に三菱ＵＦＪリサーチ＆コンサルティングに調査を委託した報告書によると、国内のソーシャルビジネスの潜在市場は34〜81兆円。日本の１年間の国税による歳入額（一般会計）は約45兆円だから、民間のソーシャルビジネスによる社会問題の解決市場は国家予算に匹敵するのだ。

問題解決の点で費用対効果の悪い政策を作りがちな政治家にとって代わるように、いつか事業収益だけで運営できる政党を作る社会起業家も現れるかもしれない。

本書は、社会貢献ニュースを扱うオルタナ・オンラインや『サンデー毎日』『アイソス』などの雑誌で取材・執筆した記事に加筆したものを中心に、多くを書き下ろした。

筆者は、ＮＰＯとの協働やメディアに取材される技術などについて企業からの相談や講演の依頼にも応じている。気軽に声をかけてほしい。

なお、筆者は本書の印税の10％（本体価格の１％）を「ハタチ基金」へ寄付する。本書を買う人が増えれば、その分だけ、その基金を通じて被災孤児および被災地の子どもへ心のケア、学び・自立の機会を継続的に提供できる。

最後に、本書を担当してくださった中公新書編集部の黒田剛史さん、吉岡宏さん、取材に応じてくださった皆様、ありがとうございました。

本文DTP・図表作成／市川真樹子

Chuko Shinsho
La Clef
中公新書ラクレ 461

ソーシャルデザイン50の方法《ほうほう》
あなたが世界《せかい》を変えるとき

2013年 7 月10日発行

著者 今《こん》 一生《いっしょう》

発行者 小林敬和
発行所 中央公論新社
〒104-8320 東京都中央区京橋 2-8-7
電話 販売 03-3563-1431
編集 03-3563-3669
URL http://www.chuko.co.jp/

本文印刷 三晃印刷
カバー印刷 大熊整美堂
製本 小泉製本

Published by CHUOKORON-SHINSHA, INC.
Printed in Japan ISBN978-4-12-150461-6 C1236

中公新書ラクレ刊行のことば

世界と日本は大きな地殻変動の中で21世紀を迎えました。時代や社会はどう移り変わるのか。人はどう思索し、行動するのか。答えが容易に見つからない問いは増えるばかりです。1962年、中公新書創刊にあたって、わたしたちは「事実のみの持つ無条件の説得力を発揮させること」を自らに課しました。今わたしたちは、中公新書の新しいシリーズ「中公新書ラクレ」において、この原点を再確認するとともに、時代が直面している課題に正面から答えます。「中公新書ラクレ」は小社が19世紀、20世紀という二つの世紀をまたいで培ってきた本づくりの伝統を基盤に、多様なジャーナリズムの手法と精神を触媒にして、より逞しい知を導く「鍵《ラ・クレ》」となるべく努力します。

2001年3月